はじめに

➤根底にある想い

「災害があっても命を守り抜く」

1997年（平成９年）から防災研究者として活動をしてきた私の目的は何かと問われれば、一点の曇りもなく明確にそう答えます。命を守り抜く、すなわち自然災害で人が死なないために、防災研究者として何ができるのか、防災はどうあるべきなのかを考え、悩み、行動し、疑問にぶつかり、また考える。その積み重ねで防災現場と向き合ってきました。

自然災害で命を守り抜くために最も必要なこと、それは、被害に遭う前に避難することです。言われてみれば当たり前の話ですが、これがなかなか難しいのが現実です。

災害の本質は、誰にとっても予想もしないことが起こること。もっと正確に言えば、「誰にとっても予想もしたくないことが起こる」ことです。そして、予想もしたくないため、備えも怠りがちになります。なぜなら、備えという行動は、起こる事態を想定して取る行動だからです。避難が難しい理由もそこにあります。

避難しなければならない事態が、自分の身に迫っているとは誰も思いたくありません。思いたくないからこそ、その期に及んでも、今がその時と思えず避難をしない。「今回の台風は今までにない巨大台風だ……」「尋常じゃないほど雨が降っているけど……」と不安に思っていても、まさか自分が、わが家が災害に遭うなんて想像できない。いや、想像したくないのが人の心理です。避難しないと決めているわけではありませんが、避難することを決断できない、その現実をなかなか受け入れることができないのです。避難情報が届くなど身に迫る危険を知ったとしても、避難しない自分を懸命に正当化し、何とか心の平静を保とうとする。結局のところ、人というものは、基本的に避難できないのが素であって、避難という行為は、自らを律する至ってインテリジェンスな行為なのだろうと思います。

避難することは難しい。「そうであっても、自然災害で命を落としてほしくない！」私が防災研究と活動を続ける理由は、やはりこの一点に尽きるのです。

➤たかがハザードマップ、されど……

ところで、読者のみなさんの中には、もしかすると「片田がハザードマップの本？」と不思議に思われている方がいらっしゃるかもしれません。なぜなら、私は、これまで防災教育や防災講演で「想定にとらわれるな！　ハザードマップなんて信じるな！」と訴えてきたからです。

ハザードマップは、災害リスク情報と避難に関する情報を地図にまとめたものですが、あくまでも、ある一定の条件による想定に基づいて作られています。その想定にとらわれていては、つまり、ハザードマップが全てだと信じ込んでいては、想定を超える災害が起きたときに対応できない可能性が高まります。

東日本大震災では、ハザードマップで津波浸水が想定されていなかった区域を津波が襲い、被害に遭われた方も少なくありませんでした。また、近年では、台風が巨大化し、雨の降り方が激甚化して、これまでにない、想定を超えた災害が頻発しています。そのため、あえて私は「ハザードマップを信じるな！」と訴えてきました。

一方で、たとえ一つの想定によるものだとしても、いざとなったら避難できる自分であるために、自分の住む地域にどのような災害の可能性があるのかという災害リスク情報を平時に把握し、災害をやりすごす対策を講じておくことが必要です。そのための方策の一つとして、ハザードマップが見逃せないツールであることは事実です。

ハザードマップを信じきるのではなく、その特性を理解して活用し、その日その時、命を守ることこそが大切なのです。

1994年（平成６年）、河川洪水を対象に始まった日本のハザードマップは、20年以上の月日を経て、現在では、ほぼ全ての自然災害を対象に作成され、広く普及してきています。

私自身もこれまでに、全国で数々のハザードマップ作りに携わってきました。その中で、避難することが難しいという現実、それを正視せず、国から言われたからハザードマップを作るというお役所仕事、危険情報が安心情報と誤解され、避難を阻害するといった様々な問題にぶつかりました。時に憤りを感じ、時に悩み、自然災害に対しての向き合い方や避難行動の根源的な問題を実感してきました。ハザードマップの作り手の心持ちと情報の伝え方について疑問を抱くことさえありました。それらに対して一つひとつ解を求めながらハザードマップを作ってきました。

ハザードマップとして形になるものは、単なる広報配布物であり、たかだか印刷物あるいはインターネット上のデータにすぎません。その目的は、災害時の避難行動の促進と住民の防災意識の啓発を図ることですが、ハザードマップだけでそれを議論するには限界があるのも事実です。その前提に立った上でも、私の防災研究者としてのアウトカムは、純粋に、そして明確に、「災害があっても人が死なない」ということです。そのために何が有効なのか、何が現状の問題なのかをいつもいつも考えながら、その都度問題解決に挑戦し、具体化してきたのが、私にとってのハザードマップなのです。

➤防災研究者としてもがいてきた歴史

今、大規模な自然災害が重なり、防災に対する国民的関心が、かつてないほど高まっています。国は、東日本大震災以降、発生頻度は極めて低いものの想定し得る最大規模の津波、洪水、高潮のいわゆるL2（レベル２）想定を発表しました。

地域それぞれでの防災活動がより重要になってきている中で、ハザードマップを作る必要に迫られながらも、どのように作ればよいのか、何を伝えていくべきなのかに迷い、悩んでいる現場担当者の方も多いのではないでしょうか。

そんなみなさんに心から伝えたいことは、「何のためにハザードマップを作るのか」ということに立ち返って考えてほしいということです。

「ハザードマップは、自然災害から自分たちの命を守り抜く地域防災力を高めるために作るもの」だと私は考えています。その視点で「自分のまちから自然災害の犠牲者を出すものか！」という気概を持ち、ハザードマップ作りと真摯に向き合い、その活用の仕方も含めて考えてほしいと願っています。

私のハザードマップに関する活動は、1998年（平成10年）に行ったハザードマップの効果についての調査から始まりました。その後、ハザードマップ作りや防災教育など、災害があっても人の命を守り抜くために何ができるのかを自分に問いかけながら、防災研究者として活動してきました。

日本では、東日本大震災が起きる前までは、計画規模あるいはL1（レベル１）と言われる、国管理の河川であればおおむね100年から200年に一度発生する確率の災害に対応する形でハザードマップが作られてきました。そして、東日本大震災や多発する甚大化した豪雨災害を受け、L2想定が発表されたことは前述したとおりです。

誤解を恐れずに記せば、その間、私は日本の防災のあり方、姿勢みたいなものに抗（あらが）いながら生きてきたように思います。正直なところ、私自身は、「どうすれば人は避難することを自分のこととして考えてくれるのか」「ハザードマップを活用してもらうためには、どのようなコミュニケーションをとればよいのだろうか」ということ。もっと言えば、「相手は自然であり、何が起こるのかわからない中で、ハザードマップとして一つの想定をあたかも決まったことのように示して本当によいのだろうか」といったことなど、これまでずっといくつもの問題意識を持ち、そして、もがいてきました。そうやってもがきながら培ってきた私自身の防災に対する思想の歴史そのものが、これまで携わらせていただいたハザードマップの中にあるような気がしています。

この本は、ハザードマップの傑作集ではありません。ここで示すハザードマップをまねしてほしいとも思っていません。しかし、その作成の過程で私がもがいてきた歴史、出来上がったハザードマップの背景にある意図をお伝えすることで、ハザードマップ作りや防災について迷い、悩んでいる方の何かのお役に立てるかもしれない、そんな想いから、この本をまとめることにしました。

この本が、ハザードマップ作りや防災を考えるきっかけ、地域防災の一助になれば、こんなにうれしいことはありません。

令和２年１月

東京大学大学院情報学環特任教授

片田　敏孝

本書の構成について

本書は、第Ⅰ部と第Ⅱ部で構成しています。

■第Ⅰ部では、ハザードマップとは何かという本質に迫る考察と同時に、避難や防災そのものについて私が抱いている問題意識や思想を包み隠さず記しました。

■第Ⅱ部では、第Ⅰ部での問題意識や思想をもとに、ハザードマップに関する問題意識や作成の課題を私自身がどのように解決していったのか、実際に作成したハザードマップを事例に紹介しています。
また、ハザードマップを作成する中で、新たにぶつかった問題や葛藤についても記しています。

第Ⅰ部から第Ⅱ部というように順番に読んでいただくと、私の防災思想や葛藤の変遷を感じながら、それをどのような形で表現していったのかを実際のハザードマップ事例にて知っていただけると思います。

また、そのように読まれた後、再び第Ⅰ部に戻り、気になる箇所などを改めて読んでいただければ、ハザードマップを作る中での私の迷いや葛藤、何を大切にしてハザードマップを作っているのかといったことをさらに感じていただけるのではないかと思っています。

ときどき気になった箇所を読み直していただける、あなたにとってそんな本になれば幸いです。どうぞ最後までおつきあいください。

目　次

はじめに …… 1

第Ⅰ部　ハザードマップとは何か。命を守るための本質と課題

第１章　ハザードマップの意味と変遷 …… 10
そもそもハザードマップとはどのようなものなのか …… 10
ハザードマップを考える上で見逃せない法律 …… 11
水防法とハザードマップの変遷 …… 12
努力目標として位置づけられたハザードマップ …… 14
義務化されたハザードマップの作成・周知 …… 15
津波の追加とL2想定と住民目線でのハザードマップ …… 16
施設では防ぎきれないというスタンス …… 18
第２章　ハザードマップを作成・理解する上で心に留めておきたい前提 …… 21
地球規模で警鐘を鳴らす荒ぶる自然 …… 21
豪雨災害対策・これまでの弊害 …… 37
災害過保護～行政依存の住民意識～ …… 39
災害をめぐる住民と行政との関係 …… 40
アメリカとキューバに学ぶこれからの日本の防災 …… 43
第３章　本質は、リスク・コミュニケーションツール …… 47
一方的なインフォメーションツールではない …… 47
犠牲者を出さないためのリスク・コミュニケーションツール …… 49
問われる行政の主体性 …… 49
第４章　ハザードマップが効かない。最初にぶつかった現実 …… 51
調査１　被災経験のあるまちでの全国に先駆けた洪水ハザードマップ検証 …… 51
第５章　なぜ人は、避難しないのか。どうしてハザードマップは利用されないのか。 …… 63
避難しないのではなく、避難できない人の特性、「正常化の偏見」と「認知的不協和」 …… 63
ハザードマップが利用されない背景 …… 66
受け身の自助が情報を閉ざす …… 67
真の敵は自然災害ではない …… 70

第６章　リスク・コミュニケーションツールとしてのハザードマップの課題 …… 73
①災害リスク情報を取得し、避難する住民の主体性を引き出す …… 73
②災害イメージの固定化、安全情報との誤解を回避する …… 75
③作って終わりではなく、作ってからが始まり！　使い方を考え、コミュニケーションツールとして活かす …… 78
④地域の特性を踏まえて災害リスク情報を提供する …… 79

第Ⅱ部　命を守るためのハザードマップ作りへの挑戦と葛藤

フェーズ１　諦めたくなかった。災害イメージの固定化を崩し、情報取得の主体性を育むことに挑む。最初の挑戦！「概略表記型ハザードマップ」 …… 84
実践事例１　岐南町洪水ハザードマップ …… 86
実践事例２　扶桑町水害対応ガイドブック …… 91
フェーズ２　地域の特徴を表現することに注力した「気づきマップ」 …… 95
実践事例３　清須市ハザードマップ …… 97
実践事例４　岡崎市水害対応ガイドブック …… 104
実践事例５　北九州市防災ガイドブック …… 108
フェーズ３　避難行動の主体性促進に挑戦した行動指南型「逃げどきマップ」 …… 111
実践事例６　清須市ハザードマップ …… 120
実践事例７　三条市豪雨災害対応ガイドブック …… 126
フェーズ４　これからの避難に避けられない視点。広域避難とL2想定に挑戦したハザードマップ …… 132
実践事例８　戸田市ハザードマップ …… 135
実践事例９　新宮市津波ハザードマップ …… 143
フェーズ５　避難できない人間の性を打ち破りたい!!　住民が作成に参画する、主体的な行動マップへの挑戦 …… 150
実践事例10　桐生市土砂災害緊急避難地図 …… 151
実践事例11　戸田市緊急避難場所マップ、まかせて会員・おねがい会員 …… 157
実践事例12　北九州市みんな de Bousai まちづくり推進事業 …… 164
おわりに …… 171

第Ⅰ部

ハザードマップとは何か。命を守るための本質と課題

第1章

ハザードマップの意味と変遷

近年、自然災害が起こるたびにハザードマップという言葉を見聞きする機会が増えているように感じます。行政が作るそれだけでなく、住民のみなさんがまち歩きなどを行い、ハザードマップを作るといった取組も増えています。一方で、災害後に必ずと言ってよいほど問題視されることがあります。それは、ハザードマップが認識されていない、活用されていないということです。その理由については、後の章で詳しく述べますが、これからハザードマップについて掘り下げて考えていくに当たり、まずは、ハザードマップの意味、すなわち「そもそもハザードマップとはどういうものなのか」ということ及び「日本におけるハザードマップの変遷」について共有したいと思います。

そもそもハザードマップとはどのようなものなのか

ハザードマップは、自然災害時に被害が想定される範囲と避難に関する情報を地図にまとめたものであり、平時における住民の防災意識の啓発と災害時における円滑な避難行動の促進によって、人的被害の軽減を図るために作られるものだと言えるでしょう。

私の視点で述べれば、ハザードマップは、地域の防災力を高めるためのものです。

地域の防災力とは、住民・地域・行政が共に地域の共通の敵である自然災害に向き合って、自分たちの命を守っていく意志を持ち、互いに思い合って助け合う実行力を育て、行動していく力だと思っています。そして、地域の防災力を高めるために、住民と行政や住民同士で、自分のまちの災害リスクや避難に関する情報を共有し、活用する、住民のみなさんが自ら命を守ることができるよう後押しするためのツール。それが、私の考えるハザードマップです。

このような視点で考えると、ハザードマップ作りでは、「単に作り方そのものだけを考えればよい」というわけではないことがわかります。「それがどう使われるのか」あるいは「使われるものにするには、どうすればよいのか」といった、ハザードマップによる災害リスク情報等の共有と活用についても熟考することが求められるのです。実際にどのようなことを考え、どのような問題意識を持ってハザードマップを作ればよいのか。その具体的な考え方については、私自身の葛藤を含めて、第２章から示していきますが、その前に、日本におけるハザードマップの変遷について見ていきましょう。

ハザードマップを考える上で見逃せない法律

ハザードマップは、裏を返せば、日本での自然災害の歴史を反映させたものとも言えます。なぜなら、自然災害が起き、その反省で法律が整備され、そしてハザードマップも改訂されてきたからです。その変遷を見ていくことで、日本における自然災害や、そこから生じた社会ニーズを読み取ることができます。

自然災害に関する法律には、様々なものがありますが、最も基本となるそれは、1959年（昭和34年）の伊勢湾台風を契機に、1961年（昭和36年）に制定された災害対策基本法です。この法律が制定される以前の日本の防災は、災害の都度、関連法律が制定され、個別バラバラに行われていたふしがありました。このような状況から脱し、災害対策を体系化して、防災行政の整備や推進を総合的・計画的に行うために制定されたのが災害対策基本法です。

災害対策基本法が制定される12年前。災害に関する一つの法律ができました。1949年（昭和24年）に制定された水防法です。その目的は、当時、次のように示されています。

「洪水又は高潮に際し、水災を警戒し、防ぎょし、及びこれに因る被害を軽減し、もって公共の安全を保持することを目的とする」（水防法第１条）

1947年（昭和22年）のカスリーン台風により、利根川や荒川の堤防が決壊。死者・行方不明者1,800名を超える大災害が起きました。水防法は、この災害を契機に定められました。

この法律では、その目的を達成するために、国、都道府県、市町村の役割を明確化していますが、なかでも特筆すべきは、「第３条（市町村の水防責任）　市町村は、その区域における水防を十分に果すべき責任を有する。ただし、水防事務組合が水防を行う区域及び水害予防組合の区域については、この限りでない」とあるように、市町村に水防の一義的責任があると明記していることです。のちに災害対策基本法でも、国、都道府県、市町村の役割が示されますが、それより10年以上も前に、水防法では、市町村の責任が示されていたのです。

水防法とハザードマップの変遷

水防法が制定されてから45年後の1994年（平成６年）、当時の建設省（現在の国土交通省）河川局治水課長の通達によって、日本におけるハザードマップの作成が始まりました。そして同年、国による「洪水ハザードマップ作成要領」が公表されています。その後、いくつもの災害を契機に、水防法は改正され、それに伴いハザードマップに関する国の方針も改訂されてきました。自然災害は水害だけではありませんが、ハザードマップの変遷に関して言えば、水防法の改正が、ハザードマップの作成や周知に大きな影響を及ぼしてきました。

ここで少し、水防法の改正によりハザードマップについて示されるようになった背景について触れておきます。実は洪水ハザードマップに象徴される危機管理の視点が河川行政に導入されたのは最近のことです。1896年（明治29年）制定の旧河川法から、1964年（昭和39年）の新河川法を経て今日まで、日本の河川行政は、一貫して洪水の河道内制御、すなわち「洪水は市街地に氾濫させない」ことを前提とした、堤防やダムといった治水施設の整備事業を推進することで氾濫防止を目指すことに主眼が置かれてきたのです。それにより、わが国の洪水氾濫の発生頻度は確実に低下し、治水事業は大きな成果をあげてきました。しかし、氾濫させないことを前提にした河川行政では、「氾濫した場合」を想定する余地は少なく、洪水氾濫に備えた危機管理は、十分に検討されてきませんでした。そうした中、近年になって、行政のそれまでの想定を超えるような集中豪雨が各地で頻発し、1998年東日本豪雨災害や1999年福岡豪雨災害、2000年東海豪雨災害など、資産が集中する都市域での水害ゆえに生じる莫大な経済被害、ライフライン等の都市機能の麻痺、地下空間への浸水被害といった、いわゆる都市型水害が相次いで発生しました。

これらの災害を受けて、国土交通省河川局設置の河川審議会は、2000年（平成12年）12月に「流域での対応を含む効果的な治水の在り方について」の中間答申をまとめ、その中で「川はあふれる」という前提に立って、流域全体で治水対策を講ずるべきと提言しました。これは、「降雨は早く安全に川から海に流すこと」が前提だったこれまでの河川行政の方向性から、「河川は氾濫する」ことを前提に、氾濫時における住民の生命の保全に主眼を置いたソフト対策を強化する方向へと転換する契機となりました。これにより、河川行政では、ハード対策だけでは対応できない超過洪水に対応すべく、「氾濫した場合」を念頭に置いた危機管理の視点が加えられるようになりました。

また、このときの河川審議会における提言では、洪水ハザードマップを水災防止上極めて有効な施策と位置づけ、洪水ハザードマップの積極的な作成及び公表が必要である旨が答申され、それが後述する水防法の改正に反映されることになりました。

努力目標として位置づけられたハザードマップ

河川審議会の中間答申を受けて、2001年（平成13年）に水防法が改正されました。この改正では、主に次のような制度が拡充・創設されています。

A）洪水予報河川制度の拡充

都道府県管理の中小河川では、毎年のように破堤氾濫が発生していましたが、水防法の改正前は、中小河川に対して洪水予報を行う制度が整備されていませんでした。そのため、それまで国管理の河川のみを対象としていた洪水予報河川を都道府県管理の河川まで拡充し、国土交通大臣に加え、

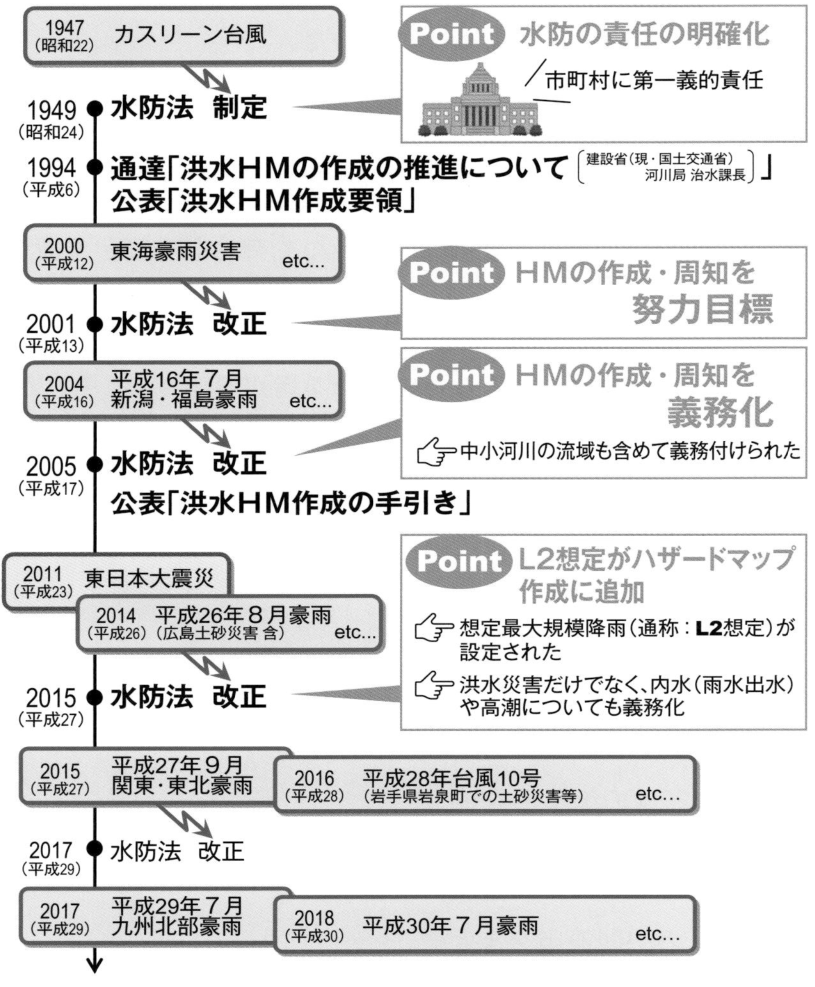

［図1］　水防法の改正履歴とポイント（片田研究室で作成）

都道府県知事も洪水により損害が生じるおそれがある河川を洪水予報河川として指定できるようになりました。

B）浸水想定区域の指定とその公表

国土交通大臣又は都道府県知事は、洪水予報河川が氾濫した場合に、浸水が想定される区域を浸水想定区域として指定するとともに、浸水想定区域及び想定される浸水深を公表して関係市町村に通知することになりました。

C）円滑かつ迅速な避難の確保を図るための措置

市町村は、公表された浸水想定区域ごとに、洪水予報の伝達方法、避難場所、その他円滑かつ迅速な避難の確保を図るために必要な事項を地域防災計画に定めることになりました。また、市町村には、地域防災計画で定めた避難情報や浸水リスク情報を住民に周知する努力義務が課せられました。

C）の「避難情報や浸水リスク情報を住民に周知する」ための有効な手段として洪水ハザードマップが位置づけられました。つまり、法律によって、ハザードマップの作成と住民への周知が努力目標として示されたのです。これにより、全国各地で浸水想定区域の指定、公表の対象となった河川を含む市町村を中心に、洪水ハザードマップの作成が進みました。

義務化されたハザードマップの作成・周知

その後、2004年（平成16年）には、新潟・福島豪雨災害や福井豪雨災害に象徴されるような山地中小河川の氾濫による水害が各地で多発しました。これらの災害では、事態の進展が早く、かつ、洪水予測等が未整備である中小河川において氾濫や土砂災害が多発したこと、高齢者をはじめとする避難行動要支援者が多く被災したこと、避難勧告の遅れや情報伝達が不十分であったことなどが指摘され、国では、住民避難や災害情報の観点から様々な対策が講じられました。

例えば、国土交通省が設置している社会資本整備審議会では当時、「豪雨災害対策総合政策委員会」を立ち上げています。同委員会は、緊急に対応すべき事項について、2004年（平成16年）12月に「総合的な豪雨災害対策についての緊急提言」としてまとめ、これを受けて国土交通省は「豪雨災害対策緊急アクションプラン」を公表。そのアクションプランに示された今後の豪雨対策の基本方針では、「送り手情報から受け手情報へ」「災害行動情報が平時から共有される社会への転換」といった項目が筆頭にくるなど、住民の避難行動の円滑化を図る情報面での対策を重視しました。

また、同じく国土交通省が設置した「水災防止体制のあり方研究会」では、浸水想定区域を指定する河川の拡大や警戒避難体制の充実化が検討され、洪水ハザードマップによって浸水危険度を事前に住民に知ってもらうための手だてを検討しました。これらを受け、地域の水害防止力の向上を図るため、2005年（平成17年）に水防法の一部が改正されました。

このときの改正では、浸水想定区域を指定するための対象河川を、それまでの洪水予報河川のみならず主要な中小河川にも拡大しました。そして、最も着目すべき改正のポイントは、浸水想定区域や洪水予報等の伝達方法、避難場所などを洪水ハザードマップ等によって住民に周知することを市町村に義務づけたということです。2001年（平成13年）に努力目標となったハザードマップの作成と周知は、2005年（平成17年）に、市町村の義務となったのです。同年、国は、「洪水ハザードマップ作成の手引き」を公表しました。

津波の追加とL2想定と住民目線でのハザードマップ

2011年（平成23年）3月11日14時46分、三陸沖でマグニチュード9.0、最大震度7の日本国内観測史上最大と言われる巨大地震「東北地方太平洋沖地震」が起きました。いわゆる東日本大震災です。死者・行方不明者が2万人を超え、その9割以上が津波による犠牲でした。この大震災が起きた年、水防法の改正が行われました。それまでの水防法の目的は、制定された当初、先に示したように「洪水又は高潮に際し、水災を警戒し、防ぎょし、及びこれに因る被害を軽減し、もって公共の安全を保持することを目的」（水防法第１条）としており、津波については明言されていませんでしたが、東日本大震災を受け、津波という言葉を追加するなど、津波防災を推進する要素が新たに盛り込まれました。また、同年12月には、津波による災害を防止あるいは軽減するために「津波防災地域づくりに関する法律」が施行されました。津波に関して言えば、この年に、国の中央防災会議等で、今後の津波対策に当たり、「発生頻度は高く、津波高は低いものの大きな被害をもたらす津波」（いわゆるL1想定であり、計画規模とも呼ばれる）と「発生頻度は極めて低いものの、発生すれば甚大な被害をもたらす津波」（最大クラスの津波、いわゆるL2想定）の二つのレベルで津波を想定する必要性が指摘されました。ちなみに、この津波ハザードマップとL2想定については、本書第Ⅱ部《フェーズ４》で詳しく考察しています。

津波については、2011年（平成23年）にL2想定が示されましたが、洪水、内水、高潮については、2015年（平成27年）に水防法が改正され、その対応が始まりました。水防法によって、これまで作成・周知が義務化されていたのは、川が氾濫して起こる洪水（外水氾濫）でしたが、2015年（平成27年）の改正により、市街地の雨水処理能力を超える豪雨によって浸水などが起こる内水氾濫や高潮のハザードマップ作成と周知についても義務化されました。併せて、津波と同様に、洪水、内水、高潮についても「想定し得る最大規模」の洪水、内水、高潮を公表することになりました。

これは、近年、それまでのL1想定を上回る大規模水害や、L1で想定されていない場所での浸水や高潮が発生していたことを受けての対応と言えます。

このときの水防法の改正により、ハザードマップの作成及び活用についての見直しが必要となり、国土交通省に「水害ハザードマップ検討委員会」が設置され、私は委員長として参加しました。この委員会では、まず、水害ハザードマップ及びその作成の手引きのあり方そのものについての検討・整理から行い、水害ハザードマップ検討委員会として「住民目線にたった水害ハザードマップのあり方について」という報告をまとめています。この報告の中で、「水害ハザードマップは、主に水害時の住民避難に活用されることを目的とし、第一に住民目線で作成される必要がある」ことを示しています。そして、地域特性や地域コミュニティの状況を含め、事前に各地域の水害リスクを総合的に分析することが重要であることから、それまで洪水、内水、高潮、津波と災害種別ごとに分かれていたハザードマップ作成の手引きを「水害ハザードマップ作成の手引き」として統合し、改定しました。

また、水害ハザードマップ利活用のシチュエーションとして、「『災害発生前にしっかり勉強する場面』と『災害時に緊急的に確認する場面』の二つのシチュエーションを念頭に置いて水害ハザードマップを作成するべき」であることも示しています。

2015年（平成27年）９月に起きた関東・東北豪雨で、「堤防決壊により多くの家屋が流失するなど、堤防沿いなどは屋内安全確保（垂直避難）では命を守り切れない場合があることがより明らかになった」ことから、市町村において「早期の立ち退き避難が必要な区域」を検討してハザードマップで示すこと、想定し得る最大規模や広域避難に関するハザードマップでの対応についても示しています。

施設では防ぎきれないというスタンス

この2015年（平成27年）９月の関東・東北豪雨や2016年（平成28年）の台風10号等では、逃げ遅れによる多数の犠牲者が出たことを受け、国土交通省は、「施設では防ぎきれない大災害は発生するもの」という考えに立ち、ハード対策とソフト対策が一体となり、社会全体で自然災害に備えることが必要であるというスタンスを示すようになりました。「洪水は市街地に氾濫させない」ことを前提に、治水施設というハードの整備で洪水を防ごうとしていた時代からようやく一歩踏み出した、私にとっては、そんな印象を持つ出来事でした。そして、洪水や土砂災害等からの「逃げ遅れゼロ」と「社会経済被害の最小化」を目指して、2017年（平成29年）に水防法が改正されました。この改正では、洪水予報河川や水位周知河川と言われ、国や県が指定している洪水予報や水位を周知する河川以外の中小河川についても、住民の安全確保に第一義的な責任を負う市町村長は、可能な範囲で浸水実績などを把握するように努めること、そして、これを踏まえて水害リスク情報を周知することが義務化されました。また、洪水や土砂災害のリスクが高い地域にある社会福祉施設や医療施設などの要配慮者利用施設について、避難確保計画の作成や避難訓練の実施が義務化され、地域社会と連携して、要配慮者の避難を地域全体で支援することなどが示されています。

ここまで、水防法の改正を中心に、水害に対する国の向き合い方やハザードマップの変遷について、ポイントを絞って整理しました。ハザードマップに関する国の整備は、日本国内で発生した自然災害に対応する形で変化してきたことが見えてきたのではないかと思います。

令和元年度の防災白書によれば、［**図２**］のとおり、平成30年９月末時点で、最も公表率の高い洪水ハザードマップは、対象市町村の98%が公表しています。高潮ハザードマップの公表が進んでいないなど、災害種別によって差はあるものの、多くの市町村でハザードマップは作成され、公表はされていると解釈してもよいでしょう。

また、これまでは洪水、内水、津波、高潮、土砂災害、火山など、災害種別ごとにハザードマップを作成することが大半でしたが、現在では、地域の特性に合わせて、自分の地域に必要な災害種別のハザードマップを組み合わせたり、冊子としてまとめたりする傾向にあります。これは、好意的に考えれば住民目線で作成するということが、少しは浸透してきた結果なのかもしれませんし、今後ますますそのような傾向になってほしいと期待しています。

第１章では、基本情報としてハザードマップの意味やその変遷について整理しました。第２章からは、自然災害の状況を踏まえ、ハザードマップを作るみなさんはもちろん、それを使う住民のみなさんにもぜひ知ってほしいこと、防災についての私の考えや葛藤などをハザードマップを通して語っていきたいと思います。

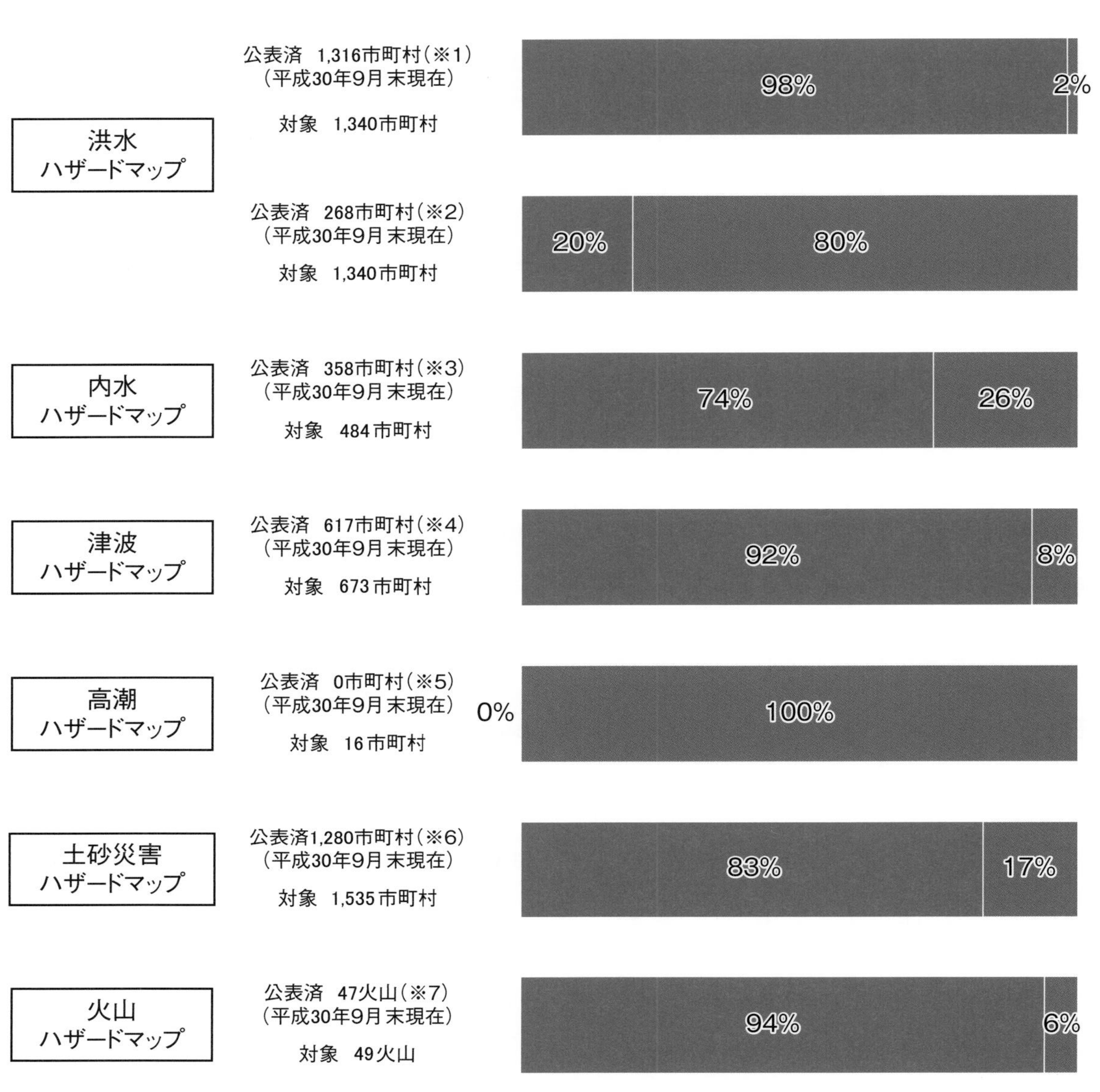

出典：国土交通省の資料より内閣府作成（火山ハザードマップは内閣府資料）

※1　水防法第14条に基づき洪水浸水想定区域が指定された市町村のうち、水防法第15条第３項に基づきハザードマップを公表済みの市町村（特別区を含む）

※2　想定最大規模降雨に対応した洪水ハザードマップを公表済みの市町村（特別区を含む）

※3　過去に甚大な浸水被害をうけたなど早期策定が必要な市区町村のうち公表済みの市区町村

※4　沿岸市町村及び津波防災地域づくり法第８条に基づく津波浸水想定に含まれる内陸市町村のうち、津波ハザードマップを公表済みの市町村

※5　平成30年度に初めて水位周知海岸が指定されたため、水防法第14条の３に基づき高潮浸水想定区域が指定された市町村を対象とし、同法第15条第３項に基づきハザードマップを公表済みの市町村を集計

※6　土砂災害警戒区域が指定された市町村のうち、土砂災害防止法第８条第３項に基づく、ハザードマップ公表済みの市町村（特別区を含む）

※7　活火山法第4条に基づき火山防災協議会が設置された火山のうち、協議事項として定められた火山ハザードマップが公表済みの火山

[図２]　ハザードマップを公表している市町村の割合

「令和元年版 防災白書」をもとに作成

第2章

ハザードマップを作成・理解する上で心に留めておきたい前提

ハザードマップは、災害リスクや避難に関する情報を掲載すれば、それなりの形として作ることは可能です。しかし、それでは作って終わる、機能しないものになる可能性は否めません。「上から言われたから作る」といった義務的な発想ではなく、願わくば「自分のまちの住民の命を守るんだ！」という思いを持って作っていただきたいと思っています。

ハザードマップを作る際には、「そもそも自分の地域がどのような姿勢を持ってハザードマップを作るのか」「住民のみなさんにどのように活用してほしいのか」「どうすれば住民のみなさんに伝わる内容になるのか」などを真摯に考えた上で作ることが望まれます。

一方で、ハザードマップを使う側の住民のみなさんにも、なぜ今、自分のまちでハザードマップが作られるのか、その背景を考え、必要だから作られていることを理解していただき、「自分たちの重要情報としてハザードマップを活用しよう！」という意欲を持っていただきたいと思います。

「ハザードマップは地域の防災力を高めるためのもの」という観点から、まずは、ハザードマップを作る側、使う側に関係なく、みなさんの心に留めておいていただきたい災害や防災にまつわることを共有したいと思います。

地球規模で警鐘を鳴らす荒ぶる自然

さて、豪雨、地震、火山噴火など、近年、自然災害に関する報道を見かけることが増えたと感じていらっしゃる方も多いのではないでしょうか。それは日本に限ったことではありません。地球規模で自然災害が騒がしい、そんな状況が続いています。

自然災害は、大きく地象災害と気象災害とに分けることができます。地象災害とは、地震や火山噴火など地面の下で生じる災害のことであり、気象災害とは、気温や気圧の変化など、天候の荒ぶりで生じる災害のことです。

まず、地象災害について見てみます。日本では、1995年（平成７年）の阪神・淡路大震災、2004年（平成16年）の新潟県中越大震災、2011年（平成23年）の東日本大震災、同年の長野県北部地震による栄村大震災といった大震災と呼ばれるものをはじめ、平成に入ってからだけでも多くの地震が起こっています。

特に、東日本大震災以降、日本列島は地象活動が活発化しています。2014年（平成26年）の御嶽山噴火や2016年（平成28年）の熊本地震、2017年(平成29年)には宮崎県と鹿児島県にまたがる霧島連山の新燃岳が６年ぶりに噴火しました。新燃岳は、以後噴火が続いています。2018年（平成30年）には、気象庁が「3000年ぶりの噴火の可能性が高い」と発表した草津白根山の噴火、４月には霧島連山の硫黄山が250年ぶりに噴火しています。同じく４月には、島根県西部で最大震度５強、北海道根室半島南東沖を震源とした最大震度５弱の地震が起き、５月に長野県北部で最大震度５強、６月に群馬県南部で最大震度５弱、そして最大震度６弱の大阪北部地震が起きました。さらに、７月にも千葉県東方沖を震源とする震度５弱の地震が起き、９月には、最大震度７の北海道胆振東部地震が起こりました。震度７を記録した厚真町では、地震による大規模な土砂災害が発生し、36名もの犠牲者が出てしまいました（平成30年10月10日付消防庁）。また、札幌市清田区をはじめとする地域では、液状化が起こり、大きな被害が出ています。さらに、この地震により、北海道内最大の火力発電所が停止してしまい、一時、北海道全域にわたり295万戸が停電するという「ブラックアウト」と呼ばれる状態になってしまいました。複雑化したがゆえの日本社会の構造的な問題が露呈したような印象を受けた災害でした。このように、日本で多くの地象災害が発生していることをみなさんも実感されていることと思います。

地球規模でも地象の荒ぶりは見受けられます。特に、太平洋を取り巻く環太平洋火山帯では、2017年（平成29年）にメキシコのコリマ火山、コスタリカのトゥリアルバ火山が噴火、インドネシアのバリ島でもアグン山が約50年ぶりに噴火しました。また、2018年（平成30年）には、インドネシアのシナブン山で、近年で最大級と言える噴火がありました。同年、アメリカのハワイ島でもキラウェア火山が噴火し、赤々としたマグマが木々を飲み込み下っていく映像がテレビやインターネットで流れました。

気象においてもまた、地球規模で騒がしい状況です。例えば、ハリケーンは、その強さを５つのカテゴリーで表しますが、2017年（平成29年）に発生したハリケーン・イルマは、最も強いカテゴリー５に発達、中心気圧が914hPa（ヘクトパスカル）、最大風速が82m/s（秒速）に達し、通過したカリブ海諸国などに猛威をふるいました。このときのイルマが上陸したアメリカ合衆国とキューバの対応については、後で述べることにしましょう。このように、地象災害、気象災害と、地球全体で様々な自然の荒ぶりが顕著になっています。

次に、日本の気象災害について考えてみましょう。局地的な集中豪雨や季節外れの雹（ひょう）などを経験、あるいはニュースなどで見聞きし、なんとなく「このところ、天候がおかしい」と感じている方も多いのではないでしょうか。「こんなことは今までに経験したことがない」これは、日本各地で起きる豪雨をはじめとする自然災害の被災者から頻繁に聞かれる言葉です。近年、日本各地で豪雨災害が頻発し、「線状降水帯」や「記録的短時間大雨情報」という、それまで聞き慣れなかった言葉が立て続けに発せられる状況が数多く起こっています。

線状降水帯とは、雨や雷を伴う積乱雲が、数時間にわたってほぼ同じ場所で列をなして次々と発生する降水域のことであり、線状の長さは50 ～ 300km、幅は20 ～ 50kmと言われています。

また、記録的短時間大雨情報とは、［図３］で示すとおり、各地で基準となる雨量は異なるものの、本来、数年に一度程度しか発生しないような短時間の大雨を観測した際に、各地の気象台が発表するものです。しかし、数年に一度どころではなく、数か月に何度も発せられているのが近年の状況です。気象庁によれば、雨量の解析は、2016年（平成28年）９月に、それまでの30分間隔から10分間隔に短縮して行われていますが、そのような前提を踏まえた上でも記録的短時間大雨情報の発表は増加しています。中でも、2017年（平成29年）は過去５年で最多の発表が行われ（**図4**）、特に同年７月には、１か月で51回もの記録的短時間大雨情報が発表されています（**図5**）。

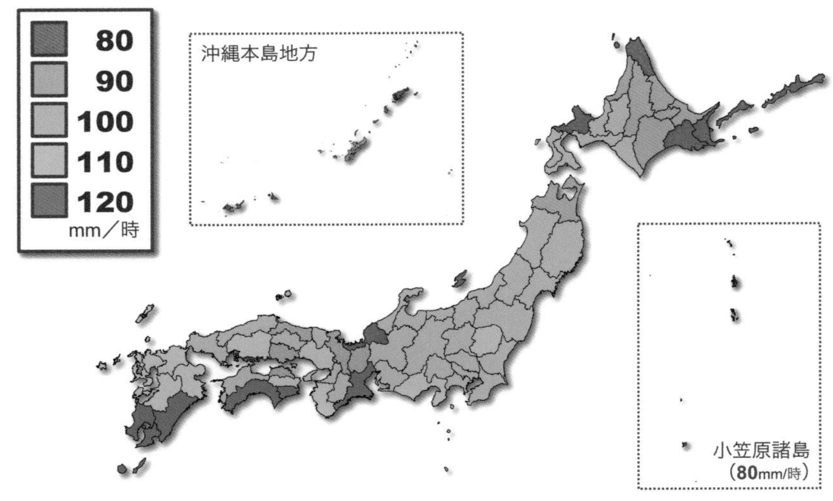

［図３］　記録的短時間大雨情報発表基準時間雨量
「記録的短時間大雨情報の発表基準一覧表」（平成24年５月29日現在　気象庁）をもとに片田研究室で作成

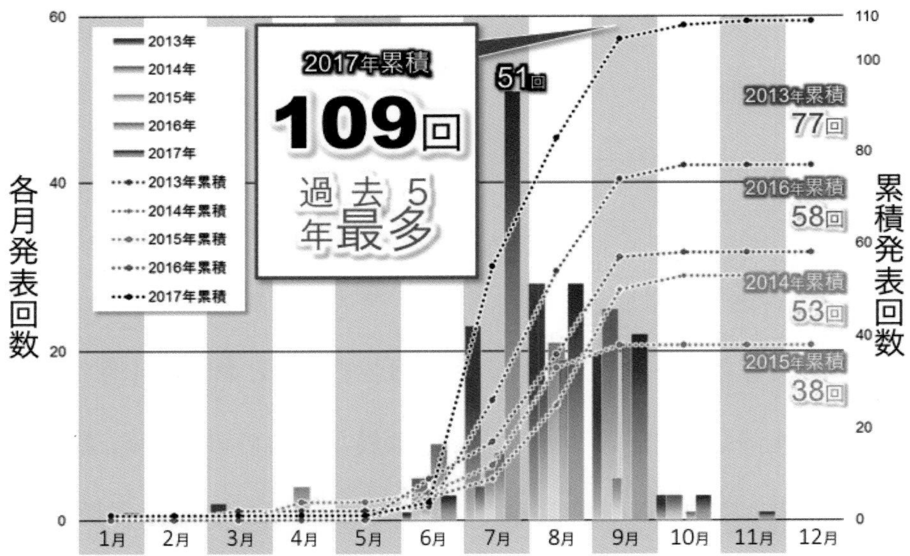

［図４］　記録的短時間大雨情報発表回数（2013 ～ 2017年）
「記録的短時間大雨情報データベース（リアルタイム更新）」（平成25年から平成29年　気象リスクウォッチ）をもとに片田研究室にて作成

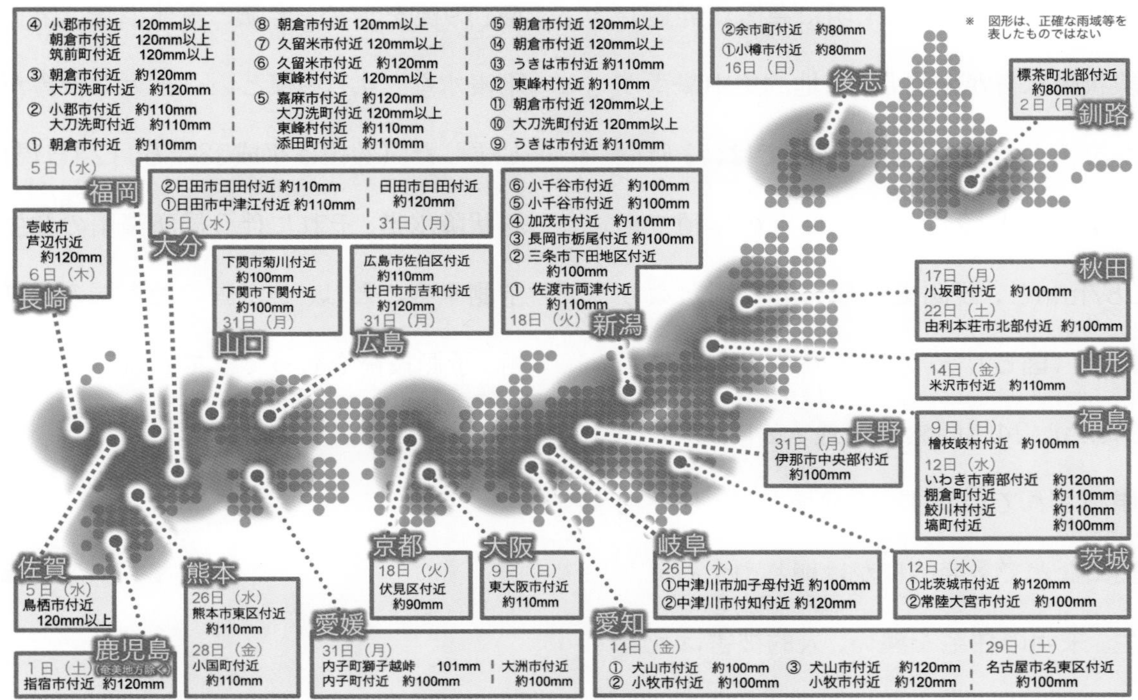

［図５］　2017年７月　荒ぶる気象～ 51回の記録的短時間大雨情報～
「記録的短時間大雨情報データベース（リアルタイム更新）」（平成29年７月１日から７月31日　気象リスクウォッチ）をもとに片田研究室で作成

近年の豪雨災害は、線状降水帯による大雨を原因とし、記録的短時間大雨情報も発表されている場合が多く見受けられます。ここで四つの事例を紹介します。

［平成26年８月豪雨による広島市の土砂災害］

2014年（平成26年）７月30日から８月26日にかけて日本各地で甚大な被害をもたらした大雨を「平成26年８月豪雨」と言います。中でも、広島県広島市で起きた土砂災害は、当時、テレビなどでも大きく報道されていました。広島市の発表によれば、同年８月19日16時03分に大雨・洪水注意報が発表され、同日の21時26分に大雨・洪水警報が発表されたものの、その後23時33分に洪水警報が解除されています。しかし、広島県広島市安佐北区及び安

［写真１］　広島市で発生した土砂災害（撮影地：広島県広島市安佐南区、撮影日：平成26年８月20日）<出典：国土地理院>

佐南区では、8月20日未明に急激に発達した線状降水帯が発生し、局地的集中豪雨がまちを襲いました。安佐北区では、１時間の雨量が最大121mm、24時間の累積で最大287mmと、観測史上最大の豪雨となりました（**図６**）。安佐南区でも１時間に最大87mm、24時間累積で最大247mmの雨が観測されています。両地域では、住宅地の裏山などで多発的にがけ崩れや土石流が発生。未明の住宅を襲い、人的被害は死者77名、負傷者68名、建物（住家）被害は全壊179棟を含め、半壊、一部損壊、床上床下浸水など4,769棟という甚大な被害が生じました（数値は平成28年６月24日現在）。線状降水帯、それに伴う局所豪雨の発生を予測することは、わが国の最先端の観測技術、予測技術をもってしても難しいと言わざるをえません。

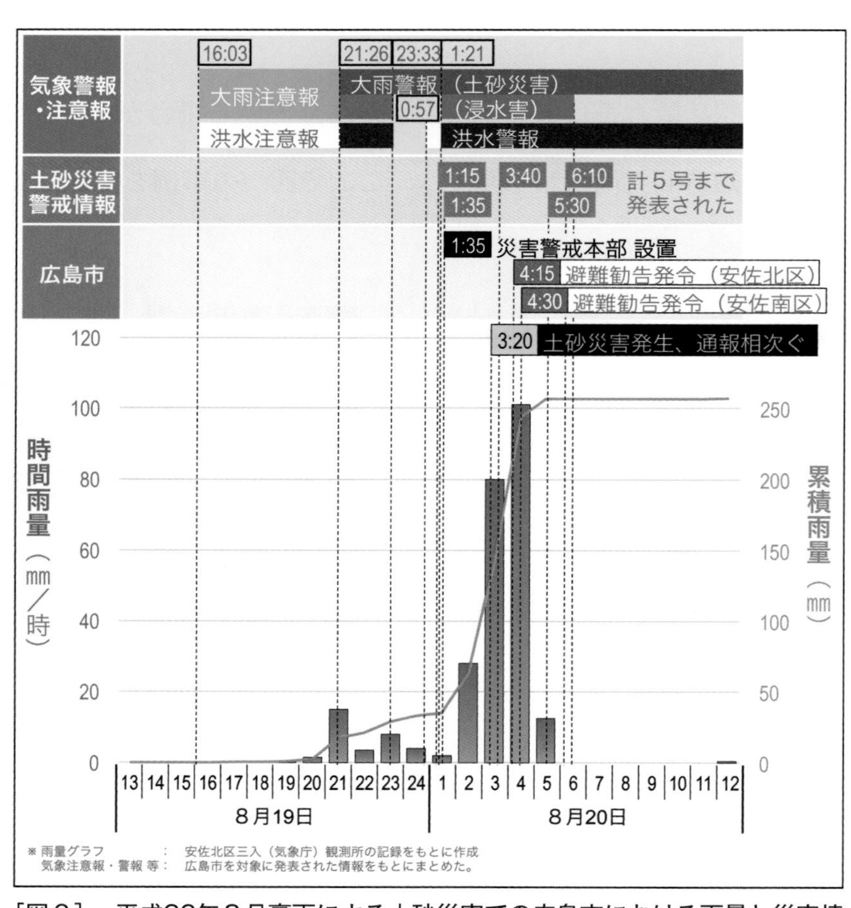

［図６］　平成26年８月豪雨による土砂災害での広島市における雨量と災害情報の発表発令状況（片田研究室で作成）

［平成27年９月関東・東北豪雨］

2015年（平成27年）９月、茨城県常総市を流れる鬼怒川が決壊。住民が浸水した家の屋根からヘリコプターで救出される様子をニュースで見た人も多いのではないでしょうか。この被害を生んだのは、後に「平成27年９月関東・東北豪雨」と呼ばれる大雨です。気象庁の報告では、同年９月７日に発生した台風18号や前線、台風から変わった低気圧などの影響により南から湿った空気が流れ込み続け、多数の線状降水帯が次々と発生したこと、９月７日から同月11日までの総雨量は、関東地方で600mm、東北地方で500mmを超えたほか、９月の月降水量平年値の２倍を超えるなど、関東地方と東北地方では記録的な大雨となったことが記されています。堤防決壊等に伴い鬼怒川が氾濫した常総市では、市の約３分の１のエリアで浸水したと言われています。

［写真２］　堤防が決壊した茨城県常総市における浸水状況（撮影地：茨城県常総市、撮影日：平成27年９月11日）＜提供：国土交通省関東地方整備局＞

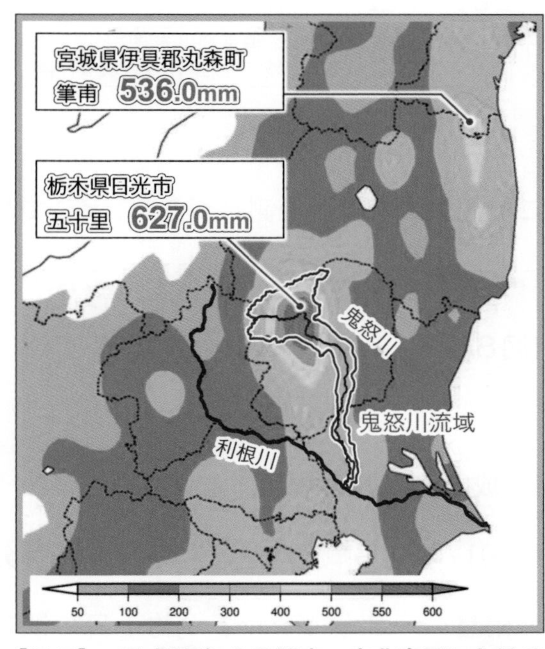

［図７］　平成27年９月関東・東北豪雨における総降水量分布図（2015年９月７日～９月11日）
「災害時気象報告：平成27年９月関東・東北豪雨及び平成27年台風第18号による大雨等」（平成27年12月４日気象庁）をもとに片田研究室で作成

このような被害をもたらした大雨は、当初、群馬県東部を縦断するような雨域を形成していました。この地域は、渡良瀬川の流域に一致していたため、そのまま線状降水帯が停滞すれば、私の住む桐生市あたりが危険な状態になったと思われます。しかし、台風の位置や気圧配置によって、線状降水帯がたまたまわずかに東方に移動し、雨域が山をまたいで渡良瀬川流域から鬼怒川流域に移動しました。そのため、鬼怒川が氾濫することとなってしまいました。言い換えれば、そのような大雨は、いつ、ど

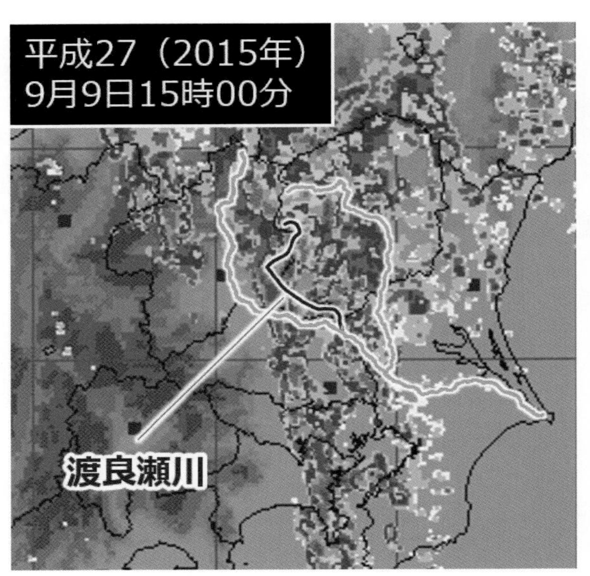

［図８］　平成27年９月関東・東北豪雨における気象庁レーダーナウキャスト画像（片田研究室加筆）

9月９日15時の時点では、渡良瀬川流域に位置していた線状降水帯。しかし、その後たまたま東方に移動し、９月10日３時の時点では、鬼怒川流域で停滞。川が決壊するほどの豪雨となった。

こで発生するのか予測しづらく、どこで起こっても不思議ではないということです（**図８**）。

［平成29年７月九州北部豪雨］

2017年（平成29年）、７月の１か月分の雨量の平年値が、わずか約１日の間に降るという豪雨が起こりました。九州北部豪雨です。気象庁の発表によれば、同年７月５日から６日にかけて、停滞した梅雨前線に向かって暖かく非常に湿った空気が流れ込んだ影響で、次々と積乱雲が発生し、線状降水帯が形成されました。大きな被害となった福岡県朝倉市では、１時間に129.5mmを観測。最大24時間降水量は朝倉市で545.5mm、大分県日田市で370.0mmと、平年の７月の降水量を超える大雨となり、24時間の降水量が観測史上１位を更新するほどでした。先に述べた記録的短時間大雨情報が７回も発表されました（**図９**）。

そして、地域の多くの中小河川では土石流が発生し、山は山体崩壊とも言えるような大規模な土砂崩れを起こすなど、甚大な被害が発生しました。積乱雲が発生したのは５日の昼頃ですが、その日の朝の天気予報では、まだこのような事態になることは予測されず、ところによっては晴れていました。しかし、昼頃になって突如激しい雨が降り出したのです。ゲリラ豪雨という言

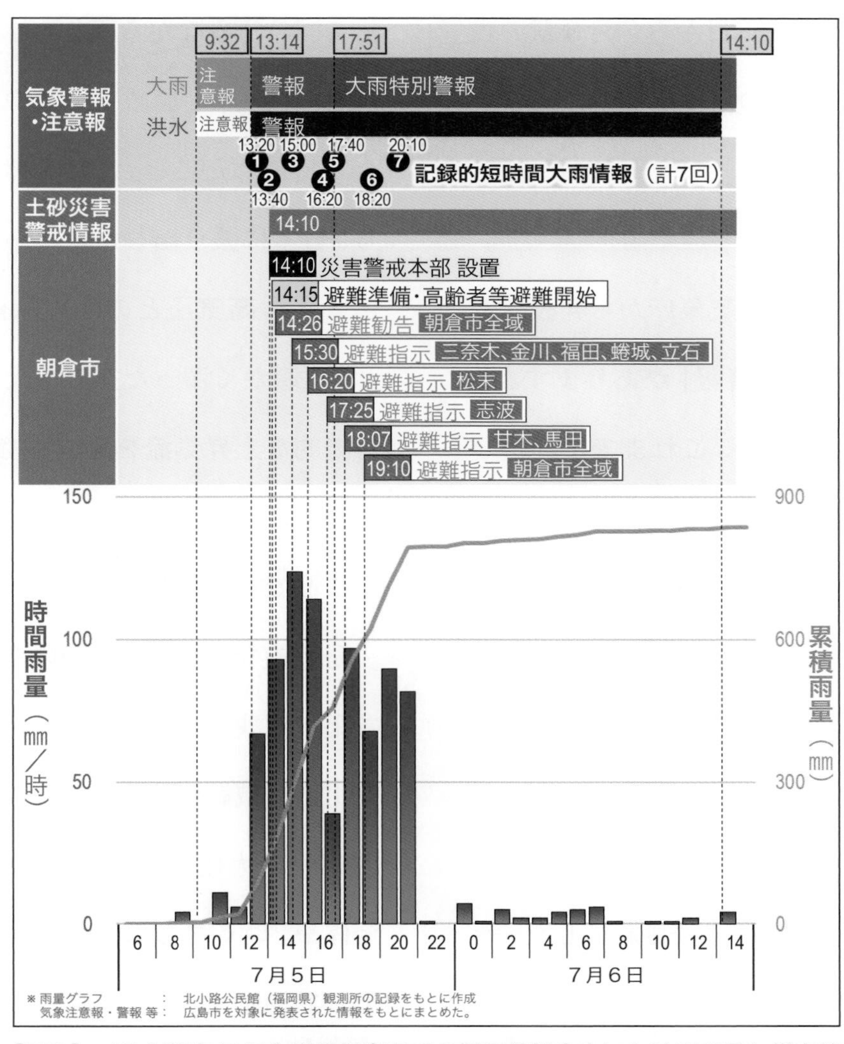

［図９］　平成29年７月九州北部豪雨での福岡県朝倉市における雨量と災害情報の発表発令状況（片田研究室で作成）

葉がありますが、まさにそのとおりで、突発的に、それまでの常識を超えるような豪雨が九州北部地方を襲ったのです。

［写真３］　平成29年７月九州北部豪雨（撮影地：大分県日田市小野地区）
「平成29年７月九州北部豪雨に関する情報：空中写真（垂直写真・正射画像・斜め写真）」（国土地理院）

［平成30年７月豪雨］

平成29年の九州北部豪雨からちょうど１年後、気象災害において、過去の経験を覆すような大災害が起きてしまいました。

それまでは、記録的短時間大雨情報が発表されたり、線状降水帯が発生した場合でも、比較的短時間の局所的な豪雨である場合がほとんどでした。ところが、「平成30年７月豪雨」と名づけられた災害は違っていました。主に６月28日から７月８日の長期間にわたり、大量の雨が広範囲で降り続いたのです。

豪雨災害において、気象庁から発表される情報に「大雨特別警報」があります。これは、数十年に一度の、これまでに経験したことのないような重大な危機が著しく差し迫った場合に発表されます。言わば、気象庁が出す豪雨に関する最終通告です。平成30年７月豪雨では、この大雨特別警報が、岐阜県、京都府、兵庫県、岡山県、鳥取県、広島県、愛媛県、高知県、福岡県、佐賀県、長崎県の11府県に発表されました。その発表前に気象庁が臨時会見を行い、「特別警報を発表する可能性もある」と言及するほどの異例とも言える事態でした。

西日本から東海地方を中心に、広範囲で数日間続いた大雨の総雨量は、1982年以降の豪雨災害時の雨量と比較して極めて大きく、多くの観測点で、48時間雨量や72時間雨量が観測史上１位の記録を更新しました。

このような記録的大雨をもたらした主な要因は、三つあります。一つ目は、東シナ海付近から流れ込んだ水蒸気と太平洋高気圧を回り込みながら流れた水蒸気が西日本付近で合流し、極めて大量の水蒸気が集中して持続したこと。二つ目は、非常に発達し、日本に張り出したオホーツク海高気圧と太平洋高気圧との間に梅雨前線が停滞して、暖かく湿った空気が大量に流れ込み、持続的な上昇気流を形成したこと。そして、三つ目は、局地的な線状降水帯が形成されたことです（**図10**）。

局所的な大雨は、雨が降る地域、すなわち雨域が狭いため、雨に影響される河川や河川の流域範囲も限られてきます。しかし、広範囲で大雨となった場合、河川の流域全体や、いくつもの河川を大雨が襲います。そして、河川の上流で降った雨は下流に集まり、下流地域に大きな影響を与え、甚大な被害となってしまいます。まさにそのような被害が現実のものとなった豪雨災害でした（**図11**）。

また、それまでとは異なる形で起きた災害もありました。例えば、土砂災害。これまでは、大雨により急斜面で発生することがほとんどでした。しかし、平成30年７月豪雨では、相当の水を含まない限り崩れない傾斜の緩やかな斜面でも土砂災害が発生したのです。雨の降り方が変わったことで災害の発生形態自体が変わったことを思い知らされました。

この災害で多くの犠牲者が出た岡山県倉敷市真備町では、地区面積の約４分の１に相当する1,200haが浸水しました。災害後、マスコミ等によって多く取り上げられたのは、真備町の被害の大きさはもとより、倉敷市が2016年（平成28年）８月に作成したハザードマップで示されていた浸水エリアと、平成30年７月豪雨で被害を受けたエリアが同じであったということでした。

第４章にて詳しく述べていますが、私が防災研究者として初めてハザードマップに向き合ったのは、1998年（平成10年）に福島県郡山市で行ったハザードマップの効果についての調査です。このときに、住民がハザードマップを活用しないこと、ハザードマップの発信側と受け手である住民側との危機感に対する認識のギャップなどが明らかになり、愕然としたことを今でも鮮明に覚えています。同時に、「このままではいけない」という強い問題意識が私の中に生まれ、それに突き動かされるように、これまで活動してきました。そのときと同じ思いを2019年（令和元年）の今、改めて噛みしめています。

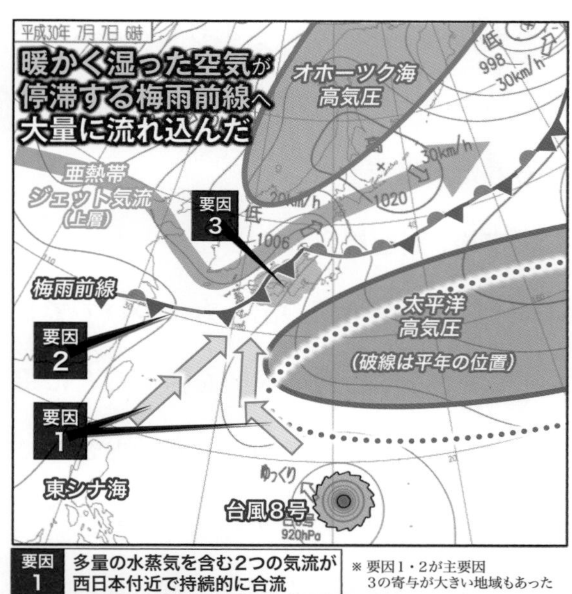

［図10］　平成30年７月豪雨　気象要因イメージ図
（平成30年7月7日6時時点の実況天気図に、気象庁資料を参考に加筆して片田研究室で作成）

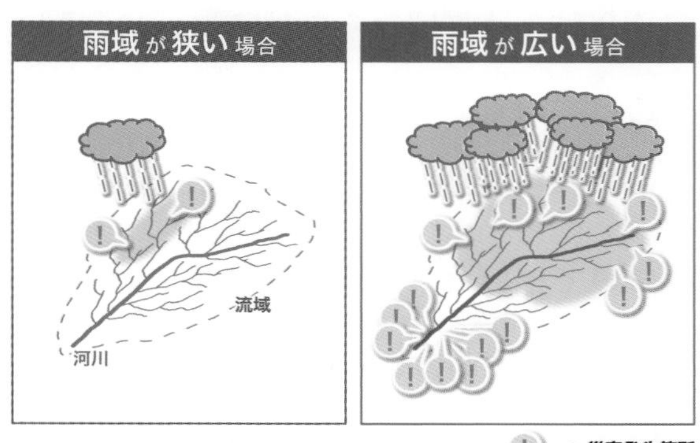

［図11］　広域での大雨による河川災害イメージ図
（片田研究室で作成）

平成30年７月豪雨による被害は、死者263名、行方不明者８名。全壊、半壊、一部破損、床上浸水、床下浸水といった住家被害は、5万804棟。人的・物的被害は、33道府県に及び（消防庁「災害情報」令和元年８月20日現在）、平成最悪の被害と言われる大災害となりました。避難のあり方においても重大な課題が浮き彫りになり、わが国の防災のあり方を根本から見直す必要に迫られた災害でした。

災害後、問題視されることが多かったのは、行政の避難情報の出し方についてでした。相変わらず行政の失敗を探すことに躍起になる人たちからの質問が私のところに幾度となく届いたのです。「行政」対「住民」というフレームでしか物事を考えない人たちに、正直なところ私は苛立ち、そして悲しくなりました。私たちが、もっと真摯に向き合わなければならないことは、そういうことではないのです。1998年（平成10年）に、ハザードマップ作りや日本の防災について抱いた「このままではいけない」という私の想いは、平成30年７月豪雨を目の当たりにして、「このままでは、絶対にいけない」という確信に変わりました。

以上見てきた事例からもわかるとおり、雨の降り方が激甚化、集中化、そして突発化しています。日本の気象予測技術は、観測機器も含めて世界一のレベルですが、それでも近年発生頻度が高まっている線状降水帯は、予測が難しいと言われているのが現実です。

加えて、豪雨災害をもたらす要因の一つである台風の巨大化が深刻な状況です。地球温暖化の影響を受けて、日本近海の海面水温が高くなっていることから、巨大な台風が勢力を保ちながら日本に近づいてくる可能性が高まっているのです。

台風の強さは気圧を表す単位・hPa（ヘクトパスカル）で示し、この数値が低いほど、台風の勢いが強いことを表します。日本で記録に残る過去最大級の台風は、1934年（昭和９年）の室戸台風や1959年（昭和34年）の伊勢湾台風であり、室戸台風の中心気圧が上陸当時で911hPa、伊勢湾台風のそれが929hPaでした。しかし気象庁は、2012年（平成24年）に、今の状況下においては、850hPaを下回る巨大台風すら発生し得るとの見解を示しました。現に、2013年（平成25年）には、上陸時の最低気圧が895hPa、風速80m以上を記録したスーパー台風がフィリピンを襲い、甚大な被害が生じています。

日本では、2018年（平成30年）８月の終わりに発生した台風21号が、風と高潮の怖さを私たちに見せつけました。８月28日に発生し、一時は中心気圧915hPaまで成長したこの台風は、非常に強い勢力を保ったまま、９月４日に徳島県南部に上陸。その後、兵庫県神戸市に再上陸し、近畿地方を縦断しました。大阪府泉南郡田尻町関空島では、最大瞬間風速58.1mを記録するなど、四国・近畿地方では観測史上１位となる猛烈な風が襲いました。横転する大型トラック、マンションの窓ガラスが割れてけがをした人、暴風により凶器となる様々な物。改めて暴風の怖さを自覚した方も多かったのではないでしょうか。

この台風では、海も荒れました。発達した低気圧による潮位の吸い上げや強い風に伴う海水の吹き寄せによって海面が上昇して起こる高潮。台風21号では、大阪市で最高潮位329cm、神戸市では233cmと、過去の最高潮位を超え、関西国際空港の滑走路が浸水するなど、交通障害や、断水、停電等ライフラインへの被害が生じました。この台風で、私たちは、豪雨災害に対する備えだけではなく、暴風や高潮への備えもしっかりと考えなければならないことを改めて問われたように思います。

台風の強さは、hPaのほかに風速でも表現され、最大風速で次の三つの階級に区分されています。風速は、１秒間に何m動くのかという秒速（m/s）で示します。

［表］　台風の強さ

階　級	最大風速
強　い	33m/s以上～ 44m/s未満
非常に強い	44m/s以上～ 54m/s未満
猛烈な	54m/s以上

（気象庁資料を参考にして作成）

例えば、54m/sを時速で表すと、１時間に約194kmという速さになります。いかに猛烈なのかがわかるのではないでしょうか。

2018年（平成30年）は、台風21号のほかにも、台風24号が「非常に強い」勢力を保ったまま日本に上陸しました。その後、最大風速が見直され「強い」台風と修正されましたが、１年に「非常に強い」クラスの台風が２回上陸したのは、台風の強さの基準を最大風速で分類するようになった1991年（平成３年）以降初めてのことでした。ちなみに、この年の９月末までで最も勢力の強かった台風は、中心気圧925hPa、最大瞬間風速70m/sと猛烈な勢いでフィリピン北部に上陸した台風22号であり、最も勢力が強い時には中心気圧905hPaを記録しました。

台風については、巨大化と同時に気になることがあります。それは、最近の台風の進路についてです。これまでの台風は、赤道近くの低緯度で発生し、日本に接近する場合は、沖縄近海を経由して九州、四国、紀伊半島あたりを通過し北上することが多く、このあたりのことを台風銀座と例えることもありました。ところが、海面水温上昇の影響により、近年、高い緯度で発生する台風が見受けられるようになりました。特に2016年（平成28年）は、［**図12**］で示すとおり、その傾向が顕著に現れました。そうなると、進路もこれまでの台風銀座とは異なり、迷走したり、関東や中部を直撃し、東北に沿って北海道に至ることが多くなります。

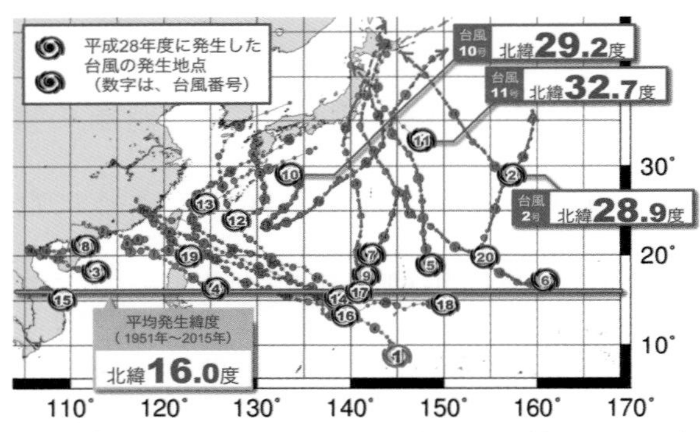

［図12］　高い緯度での台風発生とその状況下での台風の移動経路（平成28年）
「台風リスト（平成28年）」（平成28年デジタル台風）をもとに片田研究室で作成

北海道に接近した台風の数は1951年から2015年の年平均で1.6個ですが、2016年（平成28年）には５個の台風が接近し、そのうち３個が上陸しています（**図13**）。特に同年の台風10号は、［**図14**］のとおり、道内にある18河川の22か所で堤防決壊・溢水が起こるほどの災害となりました。

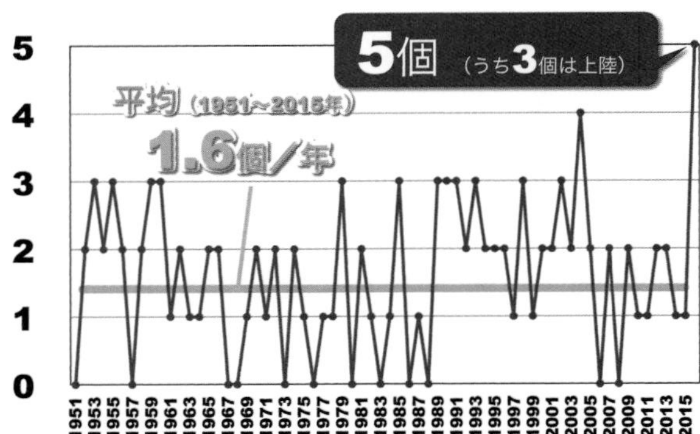

［図13］　北海道への台風接近数（観測開始から平成28年度まで）
「北海道地方への台風接近数」（平成28年度時点　気象庁）をもとに片田研究室で作成

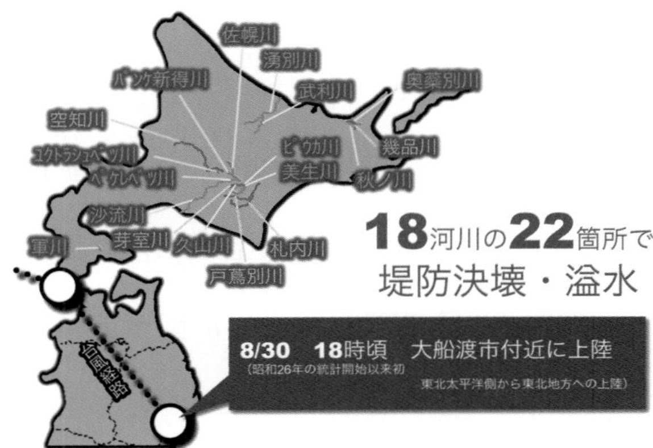

［図14］　平成28年台風第10号による北海道での河川氾濫被害
「平成28年台風第10号による被害状況等について」（平成28年11月16日14:00　国土交通省）をもとに片田研究室で作成

台風の進路について、「これまでとは違う！」ことを現実として実感せざるを得なかった年がありました。2018年（平成30年）です。この年の７月に発生した台風12号では、「異例」「過去の経験が通用しないかもしれない」といった報道が目を引きました。既に述べたとおり、これまでの台風は、南西から日本に近づいてくることがほとんどでした。しかし、台風12号は、逆方向（東南）から日本に接近、東から西へ日本を逆走するという稀なコースで進み、その結果、三重県に上陸した後、西に進み再び九州に上陸し、さらに南下するという過去に例を見ない台風となりました。

巨大化や進路以外でも、この年は、８月に５日連続で台風が発生するという、1951年（昭和26年）に統計を開始して以来初めての出来事もありました。また、台風以外でも、１～２月には、全国的に気温が低い状態が続き、北海道伊達市では、氷点下24.9℃と観測史上１位を更新。日本海側を中心に大雪にも見舞われました。そして、７月中旬以降から記録的な猛暑が続き、7月23日には、埼玉県熊谷市で41.1℃を記録、日本の統計開始以来最も高い気温となるなど、平成最後の１年であった2018年（平成30年）は、特に気象の荒ぶりを目の当たりにした年でした。

このように近年の気象状況は、これまでのそれとは異なっていると言わざるを得ません。このような状況を国土交通省では「新たなステージに対応した防災・減災のあり方」（平成27年１月）において、「新たなステージ」と捉え、『危機感を持って防災・減災対策に取り組んでいく必要がある』と訴えています。

日本は自然豊かな国です。自然の恵みに近いということは、災いに近いということでもあります。自然が相手である以上、何が起こっても不思議ではありません。

頻発する自然災害は、私たちの自然や災害に対する向き合い方に警鐘を鳴らしているのではないでしょうか。大いなる自然の営みに畏敬の念を持って、災害との向き合い方を見つめ直す必要があるように思います。

災害にただ怯えるのではなく、自分には関係ないと目をそらすのでもなく、災害が訪れたその日その時に、ためらうことなく避難し、災害をやり過ごすことができる自分になるために、あるいは住民にそうなってもらうために、災害時にどのように行動するのかなど、自然災害のリスクに対して備えておくことが必要です。

自分の住まう地域のことを考えてみてください。地域にはそれぞれの自然の恵みがあり、その土地ならではの営みがあります。その一方で、時に自然は荒ぶり、災いを起こすことだってあります。しかし、それであっても、その地に生まれ、育まれ、そこに息づく社会に見守られながら、人は自分のまちに思いを持って生きていきます。時に荒ぶる自然の災いばかりをクローズアップして、自分のまちを嫌いになることがあれば、それはとても悲しいことです。特にその地に育まれる子どもたちの視座に立つとき、その地はその子にとってのワールドであり、それがネガティブな側面だけで捉えられてよいはずがありません。自分のまちを、そこに住む家族や友だち、まちの人たちのことを愛し、思いやることができる、そんな子どもに育ってほしいと願うのは、私だけではないでしょう。

このような観点にあって、防災とは、その地に住まうための前提であり、自然と向き合いながら、わがまちを愛し、心豊かに生きていくための作法であると私は考えています。

豪雨災害対策・これまでの弊害

これまでの洪水対策は、「水害は防ぎきるもの」という考えが基本にあり、ダムや堤防などの治水施設を整備するハード対策を中心に進められてきました。

治水施設は、例えば一級河川の場合、おおむね100年に一度の豪雨に伴う出水でも災害を防ぐことができる堤防を造るといったように目標を定めて整備されます。無尽蔵に大きな施設を造ることは、投資対効果の観点からも自然への負荷の観点からも合理性に欠けるからです。

このことは裏を返せば、100年に一度の豪雨を超えるもっと激しい雨が降った場合には、治水施設は十分に対応できない、さらに言うならば、守ろうとしていないことを意味しています。堤防の機能は、人が定めた基準に基づくものですが、自然の営みを、「人が定めた防御の範囲に収まる」と思うことが、そもそも間違いです。

治水施設の整備が進むにつれて災害被害の発生頻度は確かに減り、治水事業は大きな成果を上げてきました。しかしその反面、氾濫した場合について考える余地を少なくし、その場合の危機管理について十分な検討が行われなかったことも事実でしょう。その結果、わが国ではこれまで、ハード対策以外の豪雨災害に対する防災対策が十分に進まなかったように思われます。もちろん、ハード対策だけで災害を防ぎきるのであれば、そこに問題は生じません。しかし、相手は自然であり、現実はそれほど甘いものではありません。もちろん、治水施設が不十分な場合もありますが、雨の規模から言えば、治水施設のレベルを超えた、ハード対策のみでは防ぐことができない豪雨災害が現実として起こっています。

例えば、北海道をはじめとする北日本について言えば、もともと穏やかな雨しか降らない傾向にあり、治水施設もその環境に合わせたものが整備されています。それは至って当然のことかもしれません。北海道では、農地拡大を目的として治水が行われ、治水事業の進展とともに農地開発や市街地の拡大を図ることができました。しかし、先に述べた2016年（平成28年）の台風10号をみても明らかなとおり、現在は、治水施設のレベルを超える豪雨が襲い、大きな被害をもたらしています（**写真４**）。

今後、地球温暖化の進行により、降雨量が北海道で１.24倍、東北で1.22倍増加するという推計もあり、全国的にほとんどの地域で豪雨の増加が考えられますが、特に北海道や北日本は深刻な状況です（**図15**）。

［写真４］　2016年（平成28年）の台風10号で土石流に襲われた岩手県岩泉町の高齢者福祉施設<出典：国土地理院>

1979-1998年の平均値を基に、
2080-2099年の平均値と比較

①	北海道	1.24
②	東北	1.22
③	関東	1.11
④	北陸	1.14
⑤	中部	1.06
⑥	近畿	1.07
⑦	紀伊南部	1.13
⑧	山陰	1.11
⑨	瀬戸内	1.10
⑩	四国南部	1.11
⑪	九州	1.07

［図15］　今後の日降水量の変化
<出典：国土交通省>

もちろん、治水施設が整ったことにより、かつて浸水被害が多発していた地域も水に浸かることが少なくなったことは事実です。それにより、都市としての土地利用が可能となり、多くの住宅や工場が立地するようになっています。しかし、そのような地域は、治水施設で守りきれない洪水が発生した場合に浸水被害に遭う危険性が高く、住宅や工場が多く立地していることから、被害規模が大きくなることが懸念されます。皮肉なことに、治水施設によって人為的に造られた安全は、治水施設の限度を超える豪雨が降った際の被災ポテンシャルを高くする傾向があるのです。

治水施設を整えれば整えるほど、万一に備えての対応である危機管理をより充実させることが必要です。治水施設の整備は、今後も積極的に進める必要はありますが、相手は自然ですから、想定を超える災害は起こり得るのです。自然災害に備えるためには、治水施設の整備をどれだけ進めても、それを超える災害はいつの日か必ず起こるということを認識し、いつ起こるかわからない、そして、いつの日か必ず起こるであろう災害を具体的に考え、被害を最小限にとどめるための方策を検討することが重要です。

このような状況の中にあって、近年の防

災行政は、災害情報伝達体制や避難行動要支援者対策の推進など、避難体制の整備によって被害軽減を図る施策が積極的に進められるようになりました。ハザードマップは、リスク情報を伝えるツールとしてはもちろんですが、被害を防ぐための重要な施策の一つとして位置づけられるようになってきました。

災害過保護～行政依存の住民意識～

前述したとおり、治水施設が整備され、浸水被害の程度や頻度が低下したことは喜ばしいことです。しかし、その一方で、浸水経験から遠ざかることや治水施設への過剰な依存心の芽生えによって、住民の災害意識の低下が顕著になっており、万一の際、適切な対応ができないことが危惧されます。いわば住民に「災害過保護」の状態が生じているのです。

豪雨災害調査を実施するたびに毎回感じることがあります。それは、あまりに過剰な住民の行政依存体質です。アンケート調査のたび、調査票の自由記述欄は行政の対応の悪さを非難する文章で埋め尽くされ、そのほとんどは、災害に伴う経済被害と避難が遅れた原因の全てを行政の責任に帰そうとする内容です。確かに、住民の指摘することは、実際の災害進展過程で行政の対応に何が欠けていたのかを把握するのに有益な意見が多く、行政にすれば率直に反省すべき点も多々含まれます。また、被災直後でやり場のない怒りをアンケートにぶつける住民心理も理解しなければなりません。しかし、これらの批判を読み通して思うことは、わが国の防災はこれまで、災害に対峙しているのはあくまでも行政であり、住民はその庇護の下にいるという基本構造を持っているということです。

激しい雨が降り続き、処理しきれない雨水によって街中の浸水が相当に進んだ状態にあっても、避難していない住民。避難していない理由は「避難情報がなかったからだ」と言います。そして、実際に被害が生じた後の住民調査で、「情報があれば避難した」と答える住民が極めて多いものの、実際には避難勧告が発令されても避難しない住民が大多数である現実は、調査のたびに明らかになることです。こうした住民の状況を、自分の命までも行政に委ねきっていることにおいて「災害過保護」と言うのは言い過ぎでしょうか。

住民は、災害対応の責任の多くが行政にあると考え、期待をしています。期待しているからこそ、それが裏切られ、被災したときに、行政批判も強くなります。行政の災害対策は完璧であって当たり前と捉えているからです。しかし、実際の災害の発生は、多くの場合、行政にとっても災害対応として想定していた範囲の外で起こっているのが現状であり、その場合の対応もいくつかの不備が必ずといってよいほど生じるのが常です。もちろん、こうした不備を減らすことが行政としての災害危機管理であり、よりよい対応を求めて不断の努力をすることは、行政の責務ではあります。しかし、あまりにも短絡的な行政批判だけが先行する中で、いつしか被災の全てが行政責任かのごとく片づけられたのでは、住民の災害対応努力は図られません。

災害をめぐる住民と行政との関係

災害をめぐる住民と行政の関係を掘り下げていけば、1961年（昭和36年）に制定された災害対策基本法にたどり着きます。

1959年（昭和34年）の伊勢湾台風を契機として制定されたこの法律は、災害対策全体を体系化すると同時に、［**図16**］で示しているように、国、都道府県、市町村それぞれの責務を明確に示しています。つまり、行政（国・都道府県・市町村）は住民を守る責務を有していると規定しているのです。これにより、それまでの防災インフラの圧倒的な不足状況の中で、治水施設などのハード整備をはじめ、行政主導で防災が推進されてきました。その結果、年間数千人規模の犠牲者を出していた災害の頻度は低くなり、阪神・淡路大震災や東日本大震災の年を除けば、おおむね100人前後にまで減少するようになりました（**図17**）。

災害対策基本法（一部抜粋）

（略）

第三条　国は、前条の基本理念（以下「基本理念」という。）にのっとり、国土並びに国民の生命、身体及び財産を災害から保護する使命を有することに鑑み、組織及び機能の全てを挙げて防災に関し万全の措置を講ずる責務を有する。

（略）

第四条　都道府県は、基本理念にのっとり、当該都道府県の地域並びに当該都道府県の住民の生命、身体及び財産を災害から保護するため、関係機関及び他の地方公共団体の協力を得て、当該都道府県の地域に係る防災に関する計画を作成し、及び法令に基づきこれを実施するとともに、その区域内の市町村及び指定地方公共機関が処理する防災に関する事務又は業務の実施を助け、かつ、その総合調整を行う責務を有する。

（略）

第五条　市町村は、基本理念にのっとり、基礎的な地方公共団体として、当該市町村の地域並びに当該市町村の住民の生命、身体及び財産を災害から保護するため、関係機関及び他の地方公共団体の協力を得て、当該市町村の地域に係る防災に関する計画を作成し、及び法令に基づきこれを実施する責務を有する。

（略）

［図16］　災害対策基本法と行政の責務

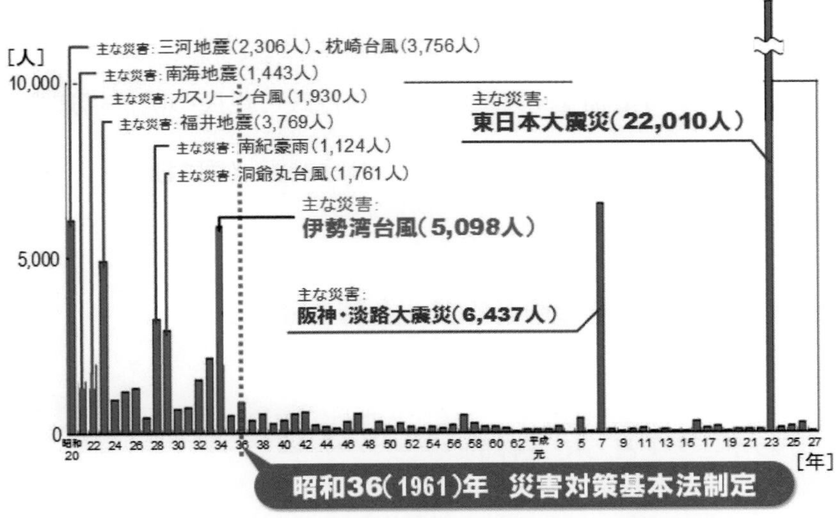

［図17］　災害対策基本法の制定と自然災害による死者・行方不明者数

「平成28年版　防災白書」をもとに片田研究室で作成

その一方で、災害時の住民の行動が、行政からの指示待ちや自らの判断で意思決定できないなど、災害過保護とも言える状況になっていることは先に述べたとおりです。

例えば、豪雨災害について、技術的にも財政的にも、完全に災害から住民を守り通すことができるのであれば、堤防やダムの整備といったハード対策を一層推進して、行政依存で守ってもらえばよいのかもしれません。しかし、実際に起こっている災害の多くが、この治水施設の能力を超えるレベルの豪雨などによって生じている事実がある以上、行政がどんなに頑張って治水施設を整え、安全レベルを上げていったとしても、それを超えるような災害が訪れることを、東日本大震災で私たちは経験しています。

また、局地的なゲリラ豪雨など、行政がリアルタイムで状況を把握することが困難な災害も増えています。困難と言うより不可能と言った方がよいかもしれません。そのような現実の中で、災害に対してどのように向き合うのか。どうやって命を守るのか。それは、これまでのハード整備や行政依存、災害過保護では成し得ないことです。もちろん、行政にも頑張って対策を講じてもらわなければなりません。しかし、同時に、住民自身が、「わがこと」として主体的に災害に向き合い、自分の地域の災害特性について考え、自分たちの命を自分たちで守っていく気概を持って行動していくことが重要です。また、行政は、治水施設整備を進めるほど、その効果ばかりでなく、治水施設で命を守ることの限界を地域住民に正しく周知することが重要になります。

今、わが国の災害対応において、最も基本的で重要だと思う問題は、災害をめぐる住民と行政の関係の見直しです。災害に対峙しているのは行政であって、その庇護の下に住民がいるという、これまでのわが国の行政と住民の関係構造を変えなければなりません（**図18**）。

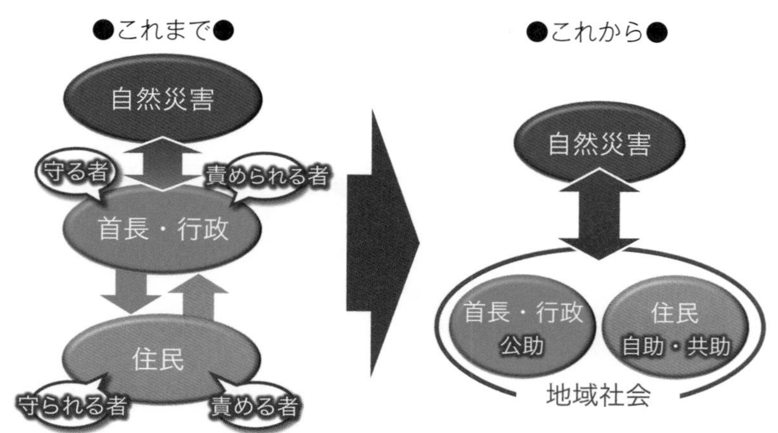

［図18］　災害をめぐる住民と行政の関係

アメリカとキューバに学ぶこれからの日本の防災

前項までで、荒ぶる自然やわが国の防災における行政依存の住民意識などについて共有してきました。ここで、少し海外の事例に目を向けて考えたいと思います。

2017年（平成29年）秋、歴代最強クラスのハリケーン・イルマ［**図19**］がカリブ海で発生し、カリブ海諸国で次々と甚大な被害を出した後、アメリカ合衆国フロリダ州とキューバ北部沿岸を直撃しました。このときの両国民の避難行動は、災害過保護の日本の防災に重要な示唆を与えてくれます。ここでは、NHK島川記者の取材手記を参考にその状況を見てみましょう㈱。

㈱　島川　英介：“大避難”の時代と岐路に立つ防災報道 ～取材の現場から～（JICE REPORT PP.52-64）

同年９月５日、米国立ハリケーン・センターは、ハリケーン・イルマが週末までにフロリダ州に上陸する可能性があると発表。これを受けてフロリダ州知事は、非常事態を宣言し、380万人の州民に対して避難命令を出しました。同州では、自動車で避難する人が続出。大渋滞や、ガソリンスタンドで燃料が売り切れたことによる路上放置の車両が発生するなど、シャドウ・エバキュエーション（影なる避難）と呼ばれるほどの混乱が生じ、日本のニュースでも報道されるほどでした（**図20**）。

［図19］　国際宇宙ステーションからはっきりと目がわかるほど、強力に発達したハリケーン・イルマ。撮影した2017年９月５日時点では、ハリケーンの強さを表す階級は最強のカテゴリー５であった。
「Hurricane Irma(Sept.7,2017)」(NASA　撮影：Sept.5,2017)

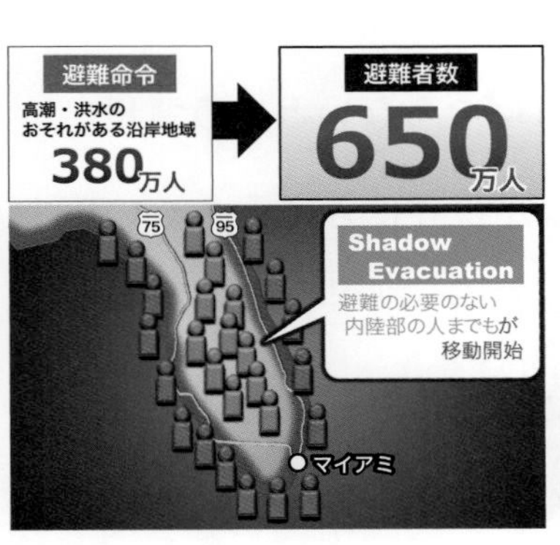

［図20］　ハリケーン・イルマにおける米国フロリダ州の避難状況（片田研究室で作成）

このときに実際に避難をした人数は、避難命令対象人数よりもはるかに多い650万人とも言われています。これだけの人が避難したことには、イルマ襲来の約１週間前にテキサス州ヒューストンを襲ったハリケーン・ハービーによって、砂漠のまちが雨で水没し、史上最大規模の水害となったことも影響しているかもしれません。しかし、それにしても大渋滞が起こるほど、650万人もの人が一斉に避難するとは、行政からの避難指示があったとしても、なかなか避難しない日本ではあり得ないのではないでしょうか。

アメリカには、徹底的に自分の命は自分で守るという揺るぎない社会認識があります。銃による事件が頻発しても銃規制が進展しないのも、そこに根源があるのだろうと思います。西部開拓時代など、アメリカには、銃を持つことで自分の命を守り、自分の行く先を切り拓いてきたという歴史があります。また、広大な国土の中で危険から身を守らなければならないという背景もあります。隣の家が視界にさえ入らない広い広い小麦畑の中にぽつんと一軒の家があり、警察がすぐに駆けつけられるような距離ではない。そんな状況で、もし強盗など外敵が襲ってきたら、家族の命を守るのは自分たち自身しかいません。だから護身や家族の命を守るために銃を持つのです。私自身は、銃社会をよいとは思っていませんし、むしろ銃はなくなってほしいと願っています。ですが、その根底には、自分の命を自分で守るという強い信念のようなものがベースに根強くあるのではないかと感じます。

そのようなアメリカ国民の、自分の命を守ることへの徹底した主体性を垣間見た経験が私にはあります。2001年のことです。この年の９月11日、世界を驚愕させたアメリカ同時多発テロがありました。当時、私は客員研究員としてワシントン大学に勤務しており、家族とともにシアトルに住んでいました。「9.11」の後、その地で娘の小学校の参観日があり、学校に行きました。すると先生は、子どもたちに、こんなふうに教えていました。

> まちを歩いていて、
> １人倒れていたら助けてあげなさい。
> ２人倒れていたら注意しなさい。
> ３人倒れていたら、すぐにその場から逃げなさい。

驚きました。日本では、このような教育

はおそらく行わないでしょう。それだけ、「危険から自分自身を守る」「自分の命は自分で守る」ということが、徹底して行われている国なのだと、強烈な印象を受けたものです。

ハリケーン・イルマの上陸に備えて避難した650万人とも言われる人々の根底には、アメリカ社会で培われてきた命を守ることへの主体性があったのではないかと思います。州政府の避難命令に従う、従わないという受け身の発想ではなく、自らの意思と判断で大挙避難したのでしょう。このことは、災害に対して主体的であること、自助ということを強く私たちに示唆しています。

もう一つ、キューバでの防災は、自助の精神と行動が強く感じられるアメリカの防災とは違った角度から、私たちに大切なことを教えてくれます。

キューバは、完璧な避難体制と避難行動により、防災大国として世界から注目されています。これまで幾度となくハリケーンに襲われているにもかかわらず、それにより命を落とす人が驚くほど少ない国。2017年（平成29年）末、現地を訪れ、住民への聞き取り調査を行い、文献に当たって、その完璧なる避難がゆえに、一般住民が犠牲になることはないと実感しました。

キューバでは気象機関がハリケーン観測を行い、被害が予測される事態になると、早期から対象住民に丁寧かつ詳細な情報が伝えられ、避難所が開設されます。高齢者や妊婦、子どもや障害のある人を優先的かつ計画的に避難させ、その移動には国営バスが提供され、軍も出動します。避難所には食料や水、医薬品が潤沢に配置され、医師や看護師、さらには獣医師までもが派遣されます。住民が避難した後のまちは、軍が警備を行うなど、政府が住民を守るために徹底的な避難支援を行います。

だからといって災害過保護ではなく、住民もまた自主防災組織により、住民同士で避難を支援し、周辺の自主防災組織もまた、避難対象地域への協力を行います。このような官民挙げての徹底避難により、ハリケーン襲来時には、危険な地域に住民がいないため、犠牲者は生じないのです。

このようなキューバの完璧な避難について、この国が社会主義国であり、住民への統制力が働きやすいことに要因を求めがちですが、現地で多くの住民と話した実感はそうではありません。キューバでは、国が国民を大切にし、国民が国を信頼する関係が、日々日常の生活の中から形成され、それゆえに官民一体となった災害対応を可能にしています。世界的にも注目されているこの国の有機農法、教育や先進国に劣らない医療の無償提供、食料配給、生活に支障のない年金など、国が国民の幸せを願っていることが形として示されています。決して裕福とは言えないかもしれませんが、私が接したキューバの人たちの明るく、屈託なく、とても幸せな表情を見て、体感して、国と国民との信頼関係を強く感じ、それゆえに官民一体となった避難が実現できているのだろうと実感しました。

自分の命は自分で守ることに甘えのない、徹底的な当事者意識があるアメリカ型の防災。そして、行政が住民を思い、住民もそれに応えて自主的に備える中で、官民で一致団結して共通の敵である災害に立ち向かうキューバ型の防災。わが国の防災は、その両方に学ぶべきことがあるように思っています。

災害と直接対峙するのは行政であり、住民はその庇護の下で、災害から命を守ること、避難することを受け身で考えてしまっていたこれまでの日本の防災から脱却する。そして住民と地域と行政が、自助、共助、公助の枠組みで相互に補完し合いながら、並列的に災害に向かい合う社会を築く。これが、これからの日本の防災に必要なことではないでしょうか。国としてだけでなく、個人として、地域として、どのように自然災害と向き合っていくのか、その「姿勢」が問われています。

そのような視点に立ったとき、災害リスク情報を共有し、避難を後押しするために作られるハザードマップについても、その位置づけや価値を改めて定義し、意識的に活用する姿勢が求められます。

第3章

本質は、リスク・コミュニケーションツール

前章で見てきた自然災害の傾向、行政の対策、住民の意識、海外の事例などを踏まえ、日本のこれからの防災について考えるとき、ハザードマップについてもまた、第１章で見てきたこれまでの捉え方だけでなく、もっと本質的であり、これからさらに求められる視点があるように思います。もちろん、ハザードマップの基本的機能が、地域の災害リスクや避難に関する情報を掲載したものであることは、まぎれもない事実です。しかし、それだけで語り終えてはならないことがあるように思うのです。

この章では、私が考える、これからのハザードマップの位置づけについて明らかにしたいと思います。

一方的なインフォメーションツールではない

災害のたびにいつも残念に思うことがあります。それは、例えば、活断層や土砂災害警戒区域など、その地域の災害リスク情報について、事態が起きてから注目され始めるということです。これは、裏を返せば事が起こる前に、そのような情報が知られていない、認識されていないことを意味します。

自然災害を防ぐことはできませんが、災いをやり過ごすことはできます。そのためにまず最初に必要なことは、自分のまちにどのような自然災害の可能性があるのかを認識し、それに向き合うことです。災いを防ぐ、つまり防災は、備える対象があることを認識することから始まるのです。その際に基本となる唯一の資料と言えるものがハザードマップです。

「ハザードマップって何ですか？」と、行政のみなさんに質問をすれば、言い方の違いはあるにせよ、「災害リスクと避難に関する情報を掲載しているもの」や「防災意識の啓発と避難行動を促すためのもの」といった答えをされる方が大半ではないかと思います。そのような回答は間違いではありません。私自身、先に述べたとおり、ハザードマップは、自然災害から自分たちの命を守りぬく、地域防災力を高めるためのものであると考えています。しかし、そういった視点や位置づけだけで良しとすることに疑問があるのも正直な気持ちであり、機能するハザードマップ作りや、それを活用するための、とても大切なことが欠けている気がしてなりません。

行政から住民へ地域の災害や避難情報を伝えるための情報ツール、それがハザードマップではあるのですが、伝えることで目的を果たすものではありません。伝えた上で、受け手である住民に災害リスク情報や作成意図が正しく理解され、それに応じた避難などの対応行動が、住民自身によって主体的に行われてこそ、その目的が達成されます。ハザードマップは、情報ツールではありますが、行政から住民への一方的なインフォメーションツールではないのです。

一方的に伝えられる情報は、関心のない人やそれを必要と認識していない人には伝わりにくいものです。そう考えると、行政の庇護の下で自然災害と直接向き合う姿勢を持たない住民が、インフォメーションとして伝えられた情報＝ハザードマップに対して関心を示さないことは、致し方ないことなのかもしれません。そのような現実、住民のハザードマップ理解の実際や災害リスク情報を受け取る側の姿勢の問題などについては後章に譲るとして、ここでは、「ハザードマップはインフォメーションツールではない」ということを、少なくとも作り手の人たちには明確に意識してほしいと思います。

犠牲者を出さないためのリスク・コミュニケーションツール

単に災害情報を伝えるだけでなく、避難など、住民の対応行動に反映されることを期待されているハザードマップは、リスクを回避する、つまり自然災害の犠牲者をその地域から出さないための住民と行政とのリスク・コミュニケーションツールであると私は考えています。だから、作って終わりではありません。これまでのハザードマップの捉え方や位置づけで欠けているのは、そのような視点ではないかと感じています。

第１章で触れたハザードマップに関する国の取組でも示したとおり、平成27年の水防法改正に伴い、2016年（平成28年）に「水害ハザードマップ作成の手引き」が改定されました。その中で、改定のポイントの一つとして、「住民目線となるよう、災害発生前にしっかり勉強する場面、災害時に緊急的に確認する場面を想定して水害ハザードマップを作成する」と示されています。「住民目線」という受け手の発想と「利用場面を考える」ことを明確に打ち出しているこの改定は、国がハザードマップを住民と行政とのコミュニケーションツールとして意識した大きな一歩だと感じています。

別の言い方をすれば、ハザードマップは、津波、洪水、土砂災害など災害種別の違いに関係なく、自分の地域でどのような自然災害に向き合えばよいのかを示す見取り図でもあります。その見取り図を手に、行政と住民が、地域共通の敵である自然災害に立ち向かっていく、地域で共に力を合わせ、自然災害で犠牲者を出さない防災まちづくりを進めていく、そのための住民と行政をつなぐコミュニケーションのためのツールが、ハザードマップの本質です。

問われる行政の主体性

コミュニケーションは、一方通行では成り立ちません。作り手である行政は、伝える相手である住民に対して、どのようにすれば誤解なく地域の災害情報を伝えることができるのか、どうすれば避難行動を後押しする情報となるのかを考え、防災のための住民とのコミュニケーションを設計していくことが求められます。コミュニケーションを設計するというと難しく感じられるかもしれませんが、これは、災害に向き合い、共にやり過ごすための住民との関係づくりと言い換えることもできます。「そんなこと、言うは易く行うは難しだ」と思われた行政の方もいらっしゃるかもしれませんね。私もそう思います。しかし、「行うは難し」で止まってしまっては、防災は先に進みません。そればかりか、立ち止まったままでは、「近頃、天候などがおかしい」と自然災害に対する不安を持ち始めているであろう住民のみなさんからすれば、自分のまちの防災の取組が代わり映えしないように見え、行政への不満や不安へつながらないとも限りません。

重要なことは、「自分のまちから自然災害の犠牲者を出したくない！ 自分のまちの防災をちゃんと行いたい!」という意識が行政にあるのかどうかということです。私の経験から言えば、そのような意識を持ち、ハザードマップを作る過程において、自分のまちの防災について主体的に真摯に考えている行政と、そうではなく、ハザードマップを作ることが目的になっている行政とでは、出来上がるものに圧倒的な差が生じます。コミュニケーションツールであるハザードマップが生きたツールになるかどうか、その最初の鍵を握るのは、行政としての主体性だと実感しています。

この本を手にしてくださっている行政の方々は、ハザードマップや防災について、何かしらの問題意識や欲求を持っていらっしゃるのではないでしょうか。主体性を持つという意味では、最初のハードルをクリアされている方々だと思います。みなさんの主体性に期待し、次章では、私が最初にぶつかったハザードマップの現実をお伝えします。

第４章

ハザードマップが効かない。最初にぶつかった現実

これまで私たちが試行錯誤を重ねて行ってきた様々なハザードマップ作りへの挑戦は、紐解けばある一つの素朴な疑問から始まりました。しかし、それは素朴であると同時に、ハザードマップ作りはもちろん、日本の防災にとって、根源的かつ重要なテーマであると感じています。

第３章までで、自然の状況など、ハザードマップにまつわる知っておいてほしいことや、現時点で私自身が考えているハザードマップの位置づけについて紹介しました。この章では、少し過去に戻り、そもそも私が疑問を抱くきっかけとなった調査結果などについて共有し、ハザードマップ作りへの核心に近づいていきたいと思います。

調査１　福島県郡山市　被災経験のあるまちでの全国に先駆けた洪水ハザードマップ検証

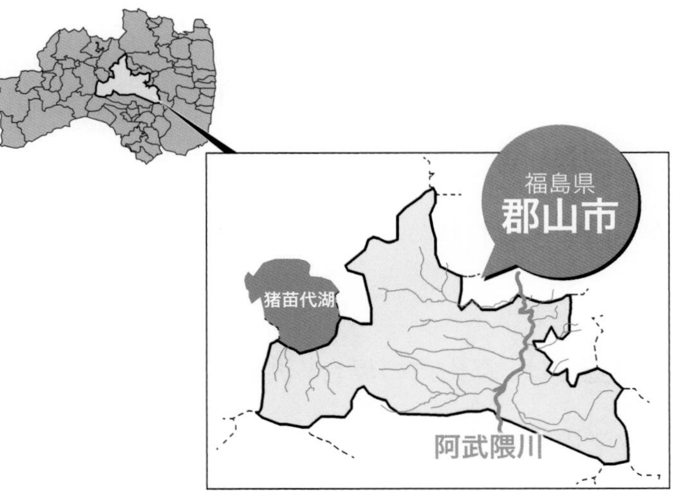

1994年（平成６年）に、建設省（現在の国土交通省）河川局の通達によって作成が始まった洪水ハザードマップ。これを全国に先駆けて公表したのが福島県郡山市です。このまちは、1986年（昭和61年）８月、後に「8.5水害」と呼ばれる集中豪雨による大きな災害を経験しています。その郡山市で、1998年（平成10年）８月末に起こった東日

本豪雨災害におけるハザードマップの効果について調査しました。

郡山市は、私が防災研究者として初めて接した被災現場でした。晩夏の太陽が照りつける中、土埃と下水の溢れかえった異臭の中で、浸水した家財道具を運び出す人々。被災者の心境を思うと、とても「調査です」と声をかけることができず、現地入りして数日間は、ただただひたすら炎天下の被災地を歩いたものです。私にとっては忘れ得ぬ、被災地調査となりました。

認められたハザードマップの効果

郡山市では、洪水ハザードマップの作成過程で、住民に対する避難勧告・指示の発令基準を明確に定めるとともに、発令時の住民避難についても事前に綿密に検討を重ねていました。それが功を奏し、1998年（平成10年）８月末の豪雨に伴う洪水における避難勧告・指示の発令は、極めて迅速かつ適切に行われたと判断できました。

調査では、郡山市の場合、洪水ハザードマップの避難行動促進効果が認められました。避難率を示す［**図21**］から読み取れるのは、洪水ハザードマップを見た人の避難率は、見ていない人との比較において10%高く、避難勧告・指示の発令や解除に反応し、従っているということです。また避難開始の時期についても、洪水ハザードマップを見た住民は、見ていない住民より平均で１時間ほど早くなっており、迅速な避難行動を促したこともわかっています。

洪水ハザードマップの効果は、住民の避難行動のみならず、行政の洪水対応に際しても見られました。前述のように、洪水ハザードマップの作成過程で行政が行う種々の情報収集や被災時対応の検討は、実際の洪水に際して迅速な行政対応を可能にしており、洪水時の危機管理の一環として、洪水ハザードマップの作成は大きな効果をもたらしました。

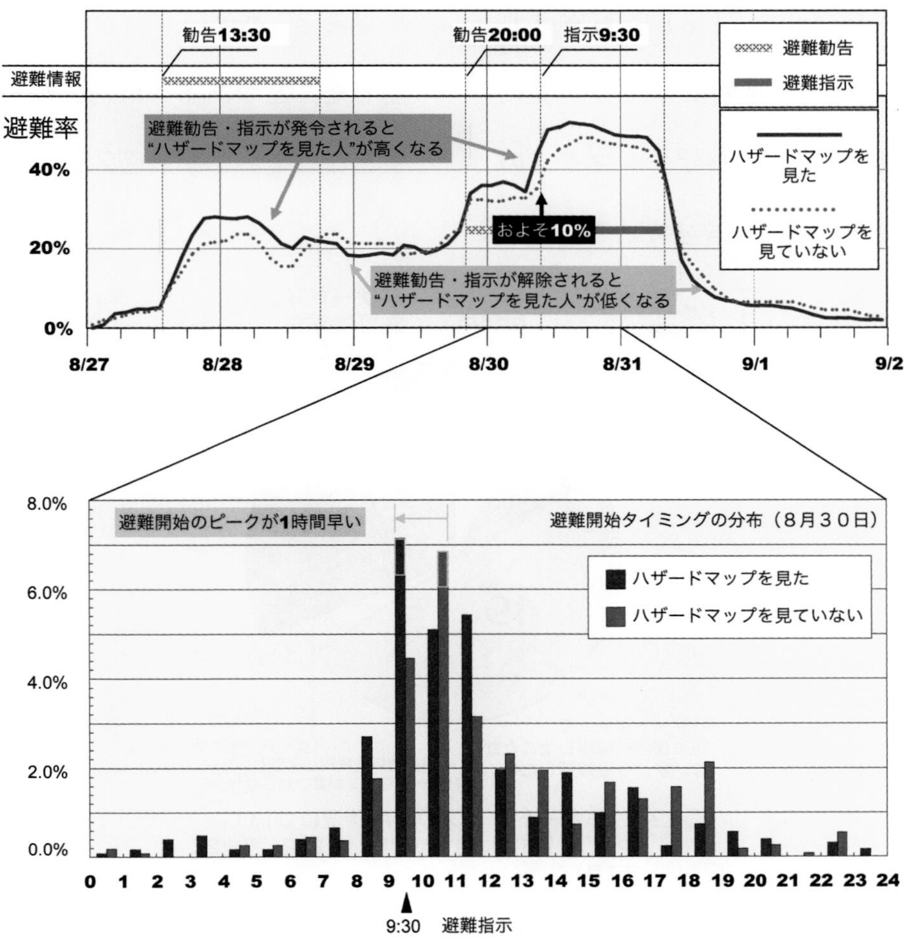

［図21］　避難に関する情報とハザードマップの効果

浮き彫りになった問題点

効果があった一方で、今後の洪水ハザードマップのあり方を考える上で解決したい、次のようないくつかの問題点が見受けられました。

問題点 1

使われないハザードマップ

まず、一つ目は、住民の洪水ハザードマップの活用状況についてです。

郡山市での調査では、洪水ハザードマップの紛失などで、洪水当日、それを見ることができなかった住民が３分の１、手元に置きつつも当日見なかった住民が３分の１ほどいました。実際の洪水に際して洪水ハザードマップを見た住民は、３分の１にとどまりました。つまり、３分の２の住民は、それが最も必要なときに洪水ハザードマップを使用していなかったということです。

このことは全国調査においても見受けら

れます。2009年（平成21年）に実施された全国の20歳以上を対象にした「防災に関する特別世論調査」でハザードマップの閲覧状況が調査されていますが、その結果を見ると、ハザードマップで防災情報を確認したことがある人は約３割しかいない結果となっています（**図22**）。

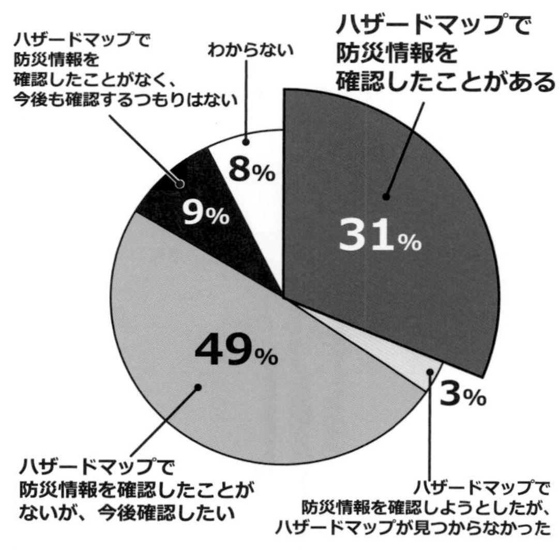

［図22］　ハザードマップの活用状況について
（内閣府「防災に関する特別世論調査」平成22年1月）

第１章で触れたとおり、全国の地方自治体によるハザードマップの公表は進んでいます。しかし、せっかく作ったハザードマップも、その目的に反して活用されないということは、大変悲しいことです。ハザードマップは安全な平常時に配布されることから難しい面もあるでしょうが、なぜこのような結果になるのかということを私たちは謙虚に考える必要があります。

問題点2

ハザードマップの情報が誤解され、かえって避難を阻害する

二つ目の問題点は、洪水ハザードマップに示される情報が、その意に反して住民に受け取られた可能性があるということです。特に浸水深に関する情報は、住民にかえって安心感を与えた可能性がありました。

浸水深とは、市街地や家屋、田畑が浸水した際の地面から水面までの水の高さを示

すものです。一般的に、浸水深が50cm未満の、大人の膝まで浸かる場合は床下浸水、50cm以上になると床上浸水するおそれがあると言われています。

洪水ハザードマップに示される予想浸水深は、あくまでも集中豪雨や台風による大雨などで河川の堤防が崩れたり、水が溢れ出たりすることで起こる浸水の高さです。これは外水と呼ばれており、豪雨などによって河川の水位が上昇し、市街地へ流れ込んだ場合の浸水深を対象にしています。市街地の雨水排水能力を上回る豪雨によって浸水した場合の、いわゆる内水を対象にしたものではありません。しかし、郡山市のように、たびたび内水被害が生じる地域では、住民の危機感は内水被害に向けられがちです。この場合、洪水ハザードマップが示す外水による浸水深は、得てして内水による浸水深と誤解されやすいものです。内水による浸水被害を念頭に置いた住民は、避難途中で水の流れにのまれて被災してしまったり、建物などが水の流れで破壊されることさえあるなど、外水被害に想起されるような生命の危機までを認識することができず、浅い浸水深が示されることで、避難よりも浸水対策に精を出すことになってしまうわけです。

また、洪水ハザードマップでは、浸水のないエリアは白色、浸水深50cm未満のエリアは黄色というように、浸水深は色分けで表示されますが、郡山市の調査結果では、ハザードマップで白色エリアの人の多くは避難しませんでした。しかし、もっと避難しなかったのは黄色エリアの人たちだったという、私にとっては衝撃的な結果が出ました。黄色エリアは50cm未満の床下浸水の人たちです。床下までの浸水のため、命の危険は感じない。しかし、もし床上まで水が上がってきたら家財道具がダメになってしまう。そうすると、避難するよりは「まず、２階などの浸水しそうにない場所に家財道具を移動させるのが先！　逃げている場合なんかじゃない！」という判断をして、結果的に避難していないわけです。

このような誤解が生じるのは、洪水ハザードマップに限ったことではありません。例えば、津波ハザードマップにおいて津波が来ないと想定されたエリアの人は、その情報を、安全を保証する情報と誤解してしまう可能性が高いということです。

しかし、ハザードマップに示される危険度情報は、あくまでもある規模の想定の下で行われたシミュレーションに基づく危険度情報であり、実際に起こる災害がハザードマップに示される規模にとどまる保証は何もありません。

ハザードマップが発信者の意に反して誤解されることには、大きく分けると二つの側面があります。一つは、情報を発信する作り手の側面、そして、もう一つは、情報の受け手の側面です。受け手については、第５章にて詳しく述べるとして、ここでは、自戒の意味も込めて、情報を発信する作り手の問題点について触れたいと思います。

情報を発信する側である技術者や専門家と呼ばれる人たちは、例えば、津波であれば津波の専門家が、洪水であれば洪水の専門家が、それぞれの専門分野において、自らの技術をどんどん高めよう、より精緻なシミュレーションを行おうと努めます。そのこと自体は否定すべきことではありませんし、防災に関する専門家が、住民の命を守るために努力していくことは、私からすれば当たり前のことです。

しかし、一方で思うのです。専門家や技術者自身は、自らの研究や技術、住民へ災害情報を示すことに対して謙虚にならなければならないと。

例えば、これまで、日本で唯一予知できるとされてきた東海地震。その対策は、予知ができることを前提として行われてきました。ところが、2017年（平成29年）になって、政府は、東海地震に関する予知情報の発表を行わないことを決めました。それはつまり、東海地震の予知はできないと国として認めたことを意味します。もちろんこれまでにも東海地震をはじめ、地震予知に対して疑問を呈してきた専門家の方々もいます。しかし、この地震については、長きに渡り、予知できるということが、あたかも正しいかのごとく扱われてきたのです。理由はいろいろあるでしょうが、私には、その背景に、研究者が自らの研究分野の防災における本質的な貢献、被害を軽減するという本質的な貢献を謙虚に考える前に、自らの研究分野の重要性を過度に主張するような、研究者にありがちな特質があるように思えてなりません。

そういったことは、地震の分野に限ったことではなく、防災に関する他の専門分野でも同じようなことが起こりはしないかと懸念しています。自分たちが出す想定の精度や精緻を主張し、「このように高い技術を持って、こんなにも高いレベルのシミュレーションで出している」と、あたかもそれが絶対的な情報のように、「これを信じればいいんだ」と言っているかのごとく発信し、住民とのコミュニケーションを行ってきてしまっているのではないかと懸念するのです。

確かに、気象など、日本の観測技術は、世界トップレベルと言えます。しかし、そのことに慢心してしまうと、情報を受け取る側の住民とのコミュニケーションを間違えてしまいかねません。技術者や専門家は、その技術、専門性、そして、住民のみなさんに情報を伝えることに対して、謙虚であるべきだと私は肝に銘じています。

ハザードマップの情報が誤解されるということは、もちろん情報を発信する側だけの問題ではありません。しかし、もしも発信する側に自らの技術や専門性、シミュレーションへの過信や傲(おご)りがあるとするならば、受け手の視点を考慮せず、「これを信じればいいんだ」といったコミュニケーションをとっていたとするならば、たとえそれが無意識で行われることだとしても、情報の受け手の問題以前に、発信者自身が、ハザードマップの情報への誤解を生む素地を作っていることになります。そのことによって、防災に役立てたいと思い、行うシミュレーションのはずが、逆に住民の良からぬ行動を誘発させることにつながりかねないのです。

これは、技術者や研究者、専門家と呼ばれる側、情報を出す者として真摯に考えなければならないことです。そのようなことがないように、発信する側は、発信した情報の理解のされ方、使われ方に常に気を配る必要があります。ハザードマップで示す情報が、あくまでもある想定に基づくものであり、絶対ではないことを誠実に伝え、社会の防災力が上がるための適切な対応について考えなければなりません。そのために謙虚に、そして大いに悩む研究者でありたいと思うのです。

ハザードマップの情報が誤解され、かえって避難を阻害するという現実は、受け手側の問題も含んではいるものの、防災の専門家、技術者自身の姿勢を問う問題であるということを、防災の専門家と呼ばれる１人として私はあえて指摘したいと思います。

そして、専門家だけでなく、ハザードマップを作る行政のみなさんにも、「ハザードマップが誤解される」ということを認識し、そうならないよう心がけていただきたいものです。

問題点３
受け手（住民）と送り手（行政）との危機感に対する認識のギャップ

三つ目の問題点は、避難勧告・指示の発令に際して、住民と行政の危機感に大きな隔たりがあったということです。郡山市の調査では、発令によって実際に避難した住民は、ピーク時で約50%、１回目の避難勧告・指示発令時には約20%にとどまりました。避難をしなかった住民の多くは、家財道具の浸水対策を行うなど、浸水被害を意識しており、堤防決壊によって起こり得る被害に対する行政の危機感とは裏腹に、特に１回目の発令時において、住民の間にそのような危機意識は、ほとんど生じていませんでした。

また、避難した住民の多くも、世帯主を中心に浸水対策を行った後に避難を行っており、避難の開始時刻は発令後10時間後にまで広がっています。1986年（昭和61年）に洪水を経験し、洪水ハザードマップが配布された郡山市民であっても、情報の受け手である住民と送り手（発信側）である行政との認識の差が生じていました。避難勧告・指示の意図するところを住民に周知徹底できていない現実は、今後の豪雨災害への啓発や教育のあり方に大きな課題を残したと言えます。

問題点４
浸水深だけでは表せない危険を伝える情報

四つ目の問題点は、災害リスクの表現の仕方に関することです。調査では、浸水の深さが50cm未満のエリアの人たちは、避難よりも家具の移動を優先させたという結果が出ましたが、その原因として、洪水時における正しい危険度を伝える情報を表現しきれていないことが考えられます。

洪水ハザードマップに関して言うならば、そこに示されるのは浸水深であって、その指標が直接的にリスクの大きさを表現することにはなっていないという問題があります。例えば、傾斜地などにおける氾濫流は一般的には流速が速く、その流体力の大きさから人的・物的被害の危険性は大きいと考えられています。しかし、流速が大きい場合の水深は一般には浅く、仮に浸水深しかハザードマップに示されていない場合は、浸水が浅いことのみが表現されることになります。それを見た住民は、流速による危険を感じることはできず、示された浸水深を安全情報だと勘違いして、避難よりも家具の移動を優先させる結果になりかねません。

また、ハザードマップの情報が、住民が求めるリスク情報になっていないという問題もあります。地域によっては複数の河川を有しており、地域住民が知りたいのは居住地に存在する水害リスクの総体であり、特定の河川に由来する単一リスクだけを知りたいわけではありません。特に、内水氾濫が頻発する地域や複数河川の浸水に注意を要する地域の住民にとっては、自らの居住地に存在する水害リスクの総体を地域属性として理解したいのであり、このような住民要望に洪水ハザードマップは応える必要があります。

しかし、公表されている洪水ハザードマップの多くは、内水被害が十分に考慮されていないものや単一河川のみの氾濫を表記したもの、さらに複数河川がある場合においては浸水想定区域図を単に重ね合わせて表記したものであり、地域住民が本来認識すべき地域の水害リスクの総体を示すものになっていないという問題点があります。

このような表記方法が大勢を占めてしまうのは、表記すべき水害リスクの大きさや発生頻度が異なる複数のリスクを一元尺度で表現することが技術的に困難であることが原因です。特に、内水災害と外水災害は一般的に発生頻度に大きな違いがあり、複数河川が存在する場合にあっては、河川の整備水準が異なることから、このような複数の浸水想定区域図を重ね合わせることは理論的にも不整合と言わざるを得ません。

そのような技術的、理論的な難しさと同時に、気をつけたいことがあります。それは、同じ地域でも、河川によって管理者が異なる場合があるということです。情報を出す側である河川管理者は、自らが管理する河川に注目した情報を出さなければならないという使命を持っていると思います。それはとても大切なことです。しかし、管理する河川に着目することだけにこだわってしまうと、それは情報を出す側の独りよがりになりかねず、地域の災害リスクの総体という住民が本来認識すべき情報の発信を阻むことにつながったり、住民にかえって誤解を与えてしまう結果を生みかねません。

河川管理者をはじめ、地域行政、防災に関わっている人は、住民の命を守りたい、自然災害を軽減したいとの思いで努力しています。だからこそ、一生懸命自らの責務を全うしようとするのです。ですが、その結果が、自分では気づかないうちに情報発信者としてのエゴになってしまっているとしたら、それは、とても不本意なことだと思います。そうならないために、発信側の価値観だけによってリスク情報を取捨選択することなく、自分の住んでいる地域の災害リスクを総体として知りたい住民に、どのような情報を提供すればよいのか、どうすればわかりやすく情報を提供できるのかという住民目線を意識し、真摯に考え、精一杯工夫することが大切です。

同時に、見逃せないことがあります。それは、河川管理の垣根を越えた広域的な戦略が問われる、そんな災害が現実として起きているということです。これは、ハザードマップでの対応にとどまることではありませんが、自然災害で犠牲者を出さないためにも、被害を軽減するためにも、今後必要性が高まる視点であるように思っています。

第２章で述べたとおり、平成30年７月豪雨では、広範囲で大雨が続きました。河川の下流域での降水量が猛烈というほどでなくとも、広範囲で大雨が続けば、上流で降った雨が下流に集まり、下流域で甚大な被害となってしまいます。例えば、岡山県倉敷市真備町での災害。当時の倉敷観測所の数値によれば、雨が降り始めた７月５日から降り終わる７月８日の降雨量は275.5mmでした。大雨ではあったものの、500mm以上や1,000mm以上など、平成30年７月豪雨時に降った他事例ほどのそれではありませんでした。しかし、この町では甚大な被害が出てしまいました。真備町を流れる一級河川の高梁川は決壊はしなかったものの、大雨により水位が上がり、支流の小田川が本流に流れ込むことができず、流れをせき止められて行き場を失って溢れてしまったのです。いわゆるバックウォーター現象です。これは、上流で降った大雨が下流に向かい、どんどん流れ集まった結果、起きた現象と言えるでしょう。さらに真備町では、小田川の決壊だけでなく、小田川の支流である高馬川など支流や下流へ向かって決壊の連鎖が続き、大きな被害になったとみられています。

局地的な大雨の場合は、例えば一つの河川という点で考えれば対応できるかもしれません。しかし、広域的な大雨の場合は、上流から下流への流れなど、点ではなく、エリアとして面で捉え、河川管理の垣根を越えた情報の共有や発信、そして避難を含め、広域的な防災としての戦略を立て連携を図っておくことが、今後ますます求められます。

一方で、浸水深だけでは表せない災害リスク、特に複数の河川や広域的に考えられる影響をハザードマップ１枚で表すには無理があります。また、広域的な避難場所を示せないことも大いに考えられます。そうであっても、その地域に存在する災害のリスクの総体を真摯に住民に伝える、行政ができないことを含めて、誠意を持って伝える努力をすることが重要であると私は考えています。それは、ハザードマップを作る側、情報を発信する側にとっては、覚悟の必要なことかもしれません。しかし、そういった覚悟を持たず、表面的に取りつくろった伝え方やコミュニケーションをとってしまうことで、かえって住民の災害情報に対する誤解を生じさせてしまうことも多いように感じています。発信する側の私たちは、ハザードマップのみでは伝えきれないことがあることを謙虚に受け止めた上で、住民のみなさんに、どのように災害リスク情報等を伝えていくのかを考え、挑んでほしいものです。

★　★　★

ここに示した四つの問題点は、郡山市の調査に限ったことではありません。気づく気づかないは別として、ハザードマップにつきまとう問題点と言えるでしょう。危険情報を事前に把握することで災害に対して備え、もしもの時の避難行動を後押しする。ハザードマップはそのようなものであるはずですし、そのために作られます。しかし、意図したようには機能せず、情報が正しく伝わらなかったり、かえって避難を阻害してしまうことがある。そして、人は避難しない。この現実は、私にとって大きな衝撃でした。同時に、その後の防災研究者としての私の活動にとても大きな意味を持つ疑問であり、テーマを突きつけられた思いがしました。

第5章

なぜ人は、避難しないのか。どうしてハザードマップは利用されないのか。

第４章の冒頭で、私は、私のハザードマップ作りへの挑戦は、ある一つの素朴な疑問から始まったと記しました。一つの素朴な疑問、それは、「人はなぜ避難しないのか」ということです。自然災害で人が命を落とさないための防災を研究し、進めることをテーマとしている私にとって、どうしても気になるのは避難しない人たちの存在です。「人はなぜ避難しないのか」ということ、さらに「どうすれば避難するようになるのか」は、私が行う防災研究の根源的なテーマです。いいえ、私に限らず、日本の防災にとっても根源的かつ重要なテーマであると言えるでしょう。

同時に、避難を後押しするために作られるハザードマップが「なぜ利用されないのか、効かないのか」ということもまた、ハードのみの対策に限界が生じている日本の防災にとって、見過ごすことのできない重要なテーマです。

なぜ人は避難しないのか、なぜハザードマップは利用されないのかということについて、私の見解を記します。

避難しないのではなく、避難できない人の特性、「正常化の偏見」と「認知的不協和」

「なぜ人は、避難しないのか」

このテーマの解を求めるには、まず、人間の特性と向き合わなければなりません。

「はじめに」の項目で述べたとおり、避難するということは、とても難しいことです。例えば、ビルや学校には非常ベルが備わっていますが、それが鳴っても、ほとんどの人はすぐには逃げません。非常ベルが鳴ることの意味はわかっていますし、ベルが鳴っていることへの不安は心によぎるのですが、すぐに逃げようとはしません。なぜなら、人には「正常化の偏見」という心の特性があるからです。

被災という自分にとって都合の悪い、そうなってほしくない情報を軽視したり、無視しようとする傾向が人にはあります。そうして「いつもと変わらず正常である」と心の状態を保とうとします。避難情報が出されても、非常ベルが鳴っていても、「自分は大丈夫」と一生懸命思い込もうとする心の作用、これを災害心理学では「正常化の偏見」や「正常性バイアス」と言います。

避難が必要な危険な状況を頭では理解していても、あるいは、災害に対して備えなければならないという思いや、荒ぶる気象などに対して漠然とした不安意識を持っていても、「正常化の偏見」によって、現実感や当事者感にはつながらず、避難という具体的な行動には結びつかない、そんな心理特性を人は誰しも持っています。

もう一つ、災害に対峙した住民に強く作用する心理特性として「認知的不協和」があります。先に述べた例で言えば、非常ベルが鳴った場合、それは火事の合図であり、避難するなどの対策をしなければならないことは、誰もがわかっています。しかし、自分は避難していません。このようなとき、「避難しないといけない」ということと「避難していない自分」との間に矛盾、不一致が生じ、不協和の状態になります。そうすると気持ちがモヤモヤとして、不快感を覚えます。このような状態を災害心理学では「認知的不協和」と言います。

「認知的不協和」が生じると、人は、二つの不一致のうち、一つの要素を変えようとしたり、新たな要素を加えたりすることで、不協和の状態を低減させて、自分の心の安定を保とうとします。例えば、「非常ベルが鳴っている」「自分は避難していない」ということのほかに、「この前も、非常ベルが鳴ったけど、大丈夫だった」「煙の匂いがしないし、大丈夫だろう」といったことを自分の認識に加えることで、「避難していない」という自分を正当化して、心の安定を保とうとするわけです。

第４章で示した調査結果では、ハザードマップの情報が危険情報ではなく、安全情報として誤解され、避難を阻害するといった問題点が浮き彫りになりました。これはまさに「認知不協和」の状態が生じ、ハザードマップの情報が避難しないということを正当化する理由として認識された結果ではないかと思います。

なぜ人は避難しないのか、その住民心理を分析する中で常々感じることは、住民が行動結果として避難していないことは事実ですが、決して「避難しないこと」を決めているのではなく、「避難すること」を決められずにいるということです。

避難勧告が発せられ、それが意味する「危険だから避難することを勧められている」ことは、誰しも知っていることです。しかし、それであっても自らがそのような状態に置かれていることを否定しようとする心理特性は、実際に災害時において次のように作用します。すなわち、豪雨が続くなど平常時とは異なる状況下では、誰もが少なからず不安を感じます。にもかかわらず、正常化の偏見や認知不協和が作用する中で、人は避難しなくてよい理由を探すのです。それは、例えば「前回、避難勧告が出たときに災害が起きなかった」という過去の経験でも、「ハザードマップに示されている浸水深が浅い」ことでも、「近所の人が避難していない」ことでも何でもよいのです。避難していない自分を正当化するに足りる理由が一つでも見つかれば、逃げないということで自分の心の安定を保ち、結果、避難しないということになってしまいます。そうやって避難しない理由を探し、自分で自分を避難できないようにしているわけです。これが、人が避難しない理由です。

こうやって「正常化の偏見」や「認知的不協和」について述べると、そのような心の動きをする人に対して、防災意識が低いと指摘する人がいますが、私はそうは思いません。大なり小なり人は誰でもそのような特性を持っています。「正常化の偏見」も「認知的不協和」も、否定することができない人間の性（さが）なのです。そのような心の動きをしてしまうことが悪いのではなく、人間ってそういうものなのです。ハザードマップを作る側の人にも、そういう側面はあります。もちろん私にだってあります。ですから、「正常化の偏見」や「認知的不協和」を頭ごなしに否定するのではなく、もう少し温かく見る。私も、あなたも、そういう心の動きをしてしまいがちなのだということを自覚する、前提として考えることが、まず大切なのではないかと感じています。

ハザードマップが利用されない背景

人は避難を阻害する心理特性を有している、このことを理解することが住民の避難を促進するために、まず重要になります。ハザードマップが利用されない、効かない理由の根底にも、この心理特性が強く関わっています。もう少し掘り下げて考えてみましょう。

まず、ハザードマップが「効かない」、言い換えれば、ハザードマップを参考にした避難行動が起こらないことについてです。なぜ効かないのか、その根底の原因は、先に述べた正常化の偏見や認知的不協和が起こるということですが、それに加えて別の問題にも影響します。例えば洪水の場合、浸水の深さのみが表示され、水の速さが示されない、あるいは複数河川があるにもかかわらず、単一河川のみの情報しか掲載されないなど、第４章の問題点４で示した災害リスクの表現の仕方の問題です。そのような問題が、人が本来持つ心理特性の働きに拍車をかける結果となり、効かない、つまり避難行動を阻害しているのです。

もう一つ、ハザードマップが「利用されない」ということについて考えてみます。利用されない原因の根底には、そもそもハザードマップの必要性を感じていないという、とても厚い障壁が横たわっています。必要性を感じていないということは、備える対象がないということ、つまり、自分のまちに自然災害は起きないという安全神話が住民の気持ちの中にあることを意味します。そのような気持ちの背景にも、人の心理特性が影響していますが、それだけでなく、防災に関する行政依存体質が根深く関わっているように思われます。災害に向き合っているのは行政であるという意識を持った住民のみなさんは、最近の災害の頻発により、自然災害に対する漠然とした不安意識や「備えなければ」という思いがありつつも、心の底では、自然災害を「わがこと」として捉えきれていないのではないでしょうか。防災は行政がなんとかしてくれる、そんな意識が根強くあるのかもしれません。ハザードマップを利用しない、その背景には、行政依存による災害への「わがこと感」のなさも強く作用しているように思います。

受け身の自助が情報を閉ざす

「正常化の偏見」と「認知的不協和」といった人間の心理的特性。そしてこれまでの日本の防災の中で図らずも生じてしまった行政依存。このほかにもう一つ、人が逃げない、ハザードマップを利用しない背景として着目したいことがあります。それは、自分の命を守ることに対する姿勢によって、受け取る情報の理解がいかようにも変わるということです。

姿勢によって、どのように理解が変わるのか、その具体的な説明に入る前に、まず、「自助」ということについて考えたいと思います。

防災における「自助」とは、自分や家族の命は自分で守る、そのための備えや防災を行うことを意味します。ちなみに、「自助」と併せて語られることの多い「共助」は、地域コミュニティ、ご近所や地域の人たちと互いに協力し合って命を守り合う、そのための備えや防災を行うこと。そして「公助」は、行政や公的機関が、住民の命を守るための備えや防災を行うことを意味します。

防災に限らず、自助、共助、公助は、例えば福祉やNPOなどの市民活動でも語られますが、その際に耳にすることが多いのは、「公助に限界があるから自助が必要」といった考え方です。もちろんそれは間違ってはいませんが、防災に関して言えば、この考え方は、とても怖い結果を生みます。

「公助に限界があるから自助が必要」という考え方には、「本来公助で行うべき」ことなのに「しかたなく自助」という気持ちが潜んでいます。これを私は、「受け身の自助」と呼んでいます。

自助ではありませんが、例えば、仕事や勉強、あるいは、それ以外で何かを行う場合のことを考えてみてください。上司から言われたから、親や先生から言われるからといったように、誰かから「やらされる」ことは、自らの意志で行う場合より、成果が上がらなかったり、なかなか事が進まなかったりするものです。そのような経験をしたことがある人は多いのではないでしょうか。このような「やらされている」ということを別の言い方をすれば、受け身の態度や指示待ちということになるかもしれません。いずれにせよ、「しかたなく」やっている感は否めません。

「受け身の自助」も、それと同じです。自助とは言いながらも、そこにはやはり、受け身の態度があり、行政からの指示待ちの気持ちが潜んでいるのです。

そのような「受け身の自助」の場合、情報を受け取るに当たり、次のような二つの問題が発生するおそれがあります。

一つは、メッセージを伝えるとき、それが伝える本来の意味ではなく、意図せずして、異なる意味に理解されてしまうことです。このように、意識するしないは別にして、あるメッセージが持っている本来の意味を超えて、受け手に別の意味で伝わってしまうメッセージをメタメッセージと言います。

例えば、行政が「避難勧告が出たら逃げてください」というメッセージを出したとします。文字どおり「避難勧告が出たら逃げる」ということを伝えているのですが、メタメッセージでは、「避難勧告が出たら、逃げる」、すなわち「避難勧告が出なければ逃げなくてよい」というように理解されてしまいます。

メッセージを出す側は、「避難勧告が出なければ避難しなくてよい」とは、一言も言っていませんが、受け身で、指示待ち、避難についての情報を出す側に委ねている心理状態においては、そのように読み取ってしまうのです。結果、災害が発生した場合、逃げなかったのは「行政から避難勧告が出なかったから」となってしまいます。自分や家族の命さえ行政に委ねてしまう、とても危ないことです。

もう一つの問題は受け身の自助の場合、メタメッセージのほかに、災害情報を「オオカミ少年」のように捉えてしまうということです。

「オオカミ少年」とは、ご存じのとおり、羊飼いの少年が、オオカミが来たと何度も嘘をついたため、本当にオオカミが来たときには、誰も助けに来なかったという、イソップ童話に出てくる話です。

避難勧告は、災害の可能性があるから出されるものですが、それは可能性であり、空振りすることもあります。例えば、津波に関する情報は、おおむね都道府県単位で発信されます。各都道府県における、いろいろな地点で津波の予測をし、その中の最大値をとって津波警報や津波注意報が出されます。また、津波発生のメカニズムは複雑であり、波が高くなるポイントを見極めることは非常に難しく、可能性が少しでもある場合は、地域一帯に対して警報や注意報などが出されます。そうすると当然のごとく、予測が該当する地域とそうでない地域が出てきます。該当しない地域の人にとっては大げさな情報になってしまいます。津波だけでなく、豪雨などの気象についても、災害の可能性があるから避難勧告や避難指示などの情報が出ますが、相手は自然です。当然空振りもあるわけです。

受け身の自助の場合、警報が出ても避難するほどの状況に至らなかった場合には、「なんだ、外れたじゃないか」となります。もし、避難していた場合には「避難したのに、大したことなかったじゃないか！」といった反応や「避難して損した」といった反応まで出ます。避難したのに何もなかったことに文句を言う、そんな反応をしてしまいます。こうなると、次に避難情報が出ても逃げなくなる人が出てきます。そして、何もないと、「ほら、逃げなくても大丈夫だっただろう」となります。避難情報をまるでオオカミ少年のように受け止め、また、次に避難情報が出ても「ほら、今度も避難しなくてよかった」というようになります。そうやって逃げないでいると、本当に津波が来たり、豪雨被害に襲われたとき、「しまった、逃げておけばよかった」となってしまいます。これが、受け身の自助の場合に起こることが考えられる二つ目の問題です。

一方で、受け身ではなく、第２章で紹介したアメリカでの避難のように、自分の心の内に自分や家族の命を守るという強い意志がある、心の内からの自助の場合、たとえ避難勧告や避難指示が外れたとしても「可能性があるから逃げたけど、津波が来なくてよかった」「被害が出るほどの雨にならなくてよかった」となります。次に逃げたときも「また逃げたけど、何もなくてよかった」となります。そして、実際に避難が必要な災害が発生したときには、「やっぱり逃げておいてよかった」を勝ち取ることになるのです。

メタメッセージとオオカミ少年の話。これが起こるのは、「しかたなく」の受け身の自助だからです。つまり、情報を受け取る側の姿勢によって、受け取る情報は、いかようにも意味が変わるのです。受け身の自助のまま、行政の指示待ちのままの姿勢でいると、命を守るための情報を自ら閉ざしてしまうことになりかねません。それはとても危ないことだと思うのです。

真の敵は自然災害ではない

災害が重なる中で、人々の防災行動を促そうとする自治体や報道番組などが、備えの必要性を訴える機会も多くなっています。また、[**図23**]のとおり、平成29年実施の全国の18歳以上を対象にした「防災に関する世論調査」（内閣府政府広報室）における「自然災害に関して参考になると思う情報」についての質問では、「国や地方公共団体などが公表している災害危険箇所を示した地図（ハザードマップなど）」が「災害報道」に次いで２番目に多い結果となっています。この結果は、ハザードマップ作りはもとより、防災の取組に携わる者にとって、一つの光と言えるでしょう。

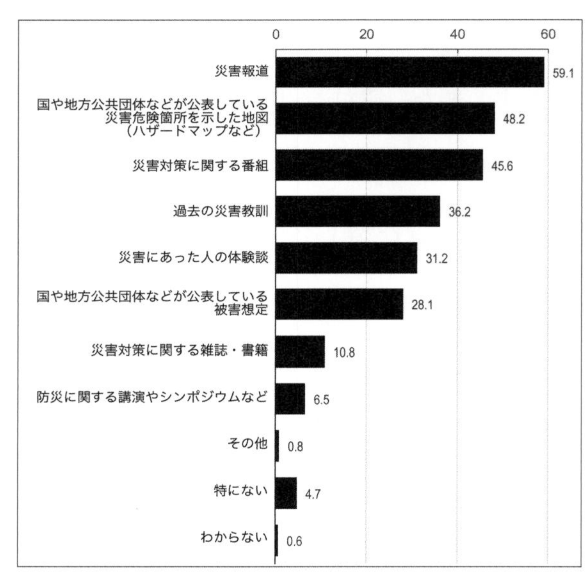

[図23]　自然災害に関して参考になると思う情報
（内閣府「防災に関する世論調査」平成30年１月）

防災への国民的関心が高まっている今こそ、防災の意味するところやその価値、ハザードマップの役割などについて改めて熟考することが必要です。その際に最初に理解しなければならないのは、人は不安を抱きつつも避難しない、ハザードマップが利用されない理由です。

「正常化の偏見」や「認知的不協和」、あるいは「しかたなく」という「受け身の自助」を乗り越えるには、どうしたらよいのか。一つには、既に述べたとおり、まず、そういった心の動きは人の性であり、あなたも、私も、みんなそうなんだということを自覚することが大切です。そしてもう一つ、それは、自分以外の人のことを考えるということです。もしかしたらこれも人の性と言えるのかもしれませんが、案外、人は、「うちの子ども」とか「うちの親が……」「うちのおばあちゃんが……」あるいは友人やご近所さんなど、自分のことより、自分の大切な人、気になっている人のことを優先させたり、おもんぱかったりする場合が多いものです。自分のことだと動けなくとも、「あの人を助けなくては」という思いが、自分自身を突き動かし、背中を押して、避難という行動を起こさせます。そして、大切な人や気になっているご近所さんのことを思って起こした行動が、自分の命を救うことにもつながるのです。

自然災害に襲われながらも、地域で声を掛け合って、一人で避難できない人をご近所さんが手助けをして避難をする、そうやって自分以外の人のことを思い合うことで自然災害の犠牲者を出さなかった例は、いくつもあります。

住民のみなさんには、人は逃げられないという特性を持っていることを理解し、受け身の自助ではなく、心にある自分や家族の命を守りぬくという気持ち、大切な人や気になるご近所さんをおもんぱかり、「思い合い」で、その日その時、命を守り合うために最善を尽くしてほしいと願っています。

地域の災害特性が書かれているハザードマップは、自分の住む地域、そこで暮らすわが家を考え、語り合うきっかけにもなるものです。「自分だったら、ここに避難するのに○○分あれば大丈夫だけど、子どもだったらもっとかかるかもしれない。足の悪いおばあちゃんだったら、どれくらい時間がかかるだろう」そんなことをハザードマップを見ながら考えてほしいと思います。

自分の家族やご近所さんから災害の犠牲者を出さないためにどうしたらよいのかということを自分で、家族で、ご近所さんと考える。そんなツールとして、ハザードマップを使ってみてほしいと心の底から思っています。ハザードマップは、住民のみなさんと行政とのリスク・コミュニケーションツールであることはもちろんですが、家族、ご近所さん同士で自分たちの住まう地域について考える、命を守ることについて考えるツールでもあります。また、家族やご近所さんとのふれあいや語り合いのきっかけにもなるツールです。なぜなら、命に関わることは、誰にとっても重要であり、自然災害は、自覚しているしていないはあれど、みんなの共通の敵だからです。「そうは言っても、私のところは地域のつながりがないから」とよくおっしゃる方がいます。そのような地域こそ、ぜひハザードマップを話のネタにしてください。ご近所さんと話をするきっかけとしてハザードマップを使ってください。そうやって、互いに思い合う地域を育む、そのきっかけとして、ハザードマップや防災を道具にしてほしいと思います。

ハザードマップを作り、発信する行政のみなさんには、義務だから行うのではなく、住民心理を理解しようと努め、どうすれば住民のみなさんとの災害リスク・コミュニケーションを取れるのかということを考えていただきたいと思います。そして、ハザードマップの作成に当たっては、「住民のみなさんが、ご家族やご近所さん、地域のみなさんと災害リスクを共有し、避難などについて考えるためのツールでもある」ということを意識し、大いに考え、悩み、工夫し、そして挑戦していただきたいと願っています。

そうやって双方が不安を行動へ結びつけるよう意識し、努めない限り、防災の実効性はないのかもしれません。真の敵は災害そのもの以上に、己の内なるものなのです。

第６章

リスク・コミュニケーションツールとしてのハザードマップの課題

第４章で紹介した、ハザードマップ利用の現実と問題点。そして、第５章で考察した、人が避難しないことやハザードマップが利用されない理由。これらを踏まえ、ハザードマップを住民と行政との災害リスク・コミュニケーションツールとして明確に位置づけることで、見えてくる課題があります。

ここで示す課題は、第Ⅱ部で紹介する私たちが行ったハザードマップ作りへの挑戦の前提となっている重要なポイントです。これからハザードマップ作りに取り組むみなさんに意識してほしい四つの課題について紹介します。

①災害リスク情報を取得し、避難する住民の主体性を引き出す

住民とのリスク・コミュニケーションツールであるハザードマップの作り手は、単に災害リスクや避難に関する情報を載せておけばよいという発想から脱し、コミュニケーションをとる相手である住民の心理特性や防災に対する意識などを理解して、住民の視点を意識した発想を持つことが求められます。

第５章で述べたとおり、人には正常化の偏見などの心理特性があり、ハザードマップが利用されない原因には、そのような特性と行政依存による災害への「わがこと感」のなさが強く作用しています。そのことにより、住民は、ハザードマップを自らの命に関わる重要な情報と認識していない可能性があります。また、例えば、水害の場合、「水は怖くない」といった水害に対する楽観的なリスク・イメージを持ってしま

っていることが考えられます。結果として、災害リスク情報の重要性を十分に認識できないまま、時間の経過とともにハザードマップを紛失してしまう場合もあるでしょう。多くの住民にとって、防災は「普段の生活ではなかなか考えないこと」なのかもしれません。しかし、だからといって決して防災を軽視しているわけではありません。防災は重要だと思っていながらも、それは日常生活を営む上での他の様々なことの中の一つであり、災害対応への切迫性を感じない状況において、防災に関することになかなか関心が向かないのです。ハザードマップが手元に届いたときには「後で見よう」と思いつつも、ついついそのことを忘れてしまい、内容を確認しないまま、いつの間にか紛失してしまった……というところが本音なのかもしれません。

このような状況に対して考えなければならない一つ目の課題は、住民の災害に向き合う姿勢であり、主体性、当事者感をどう引き出すのかということです。

例えば、地震対策として家具の固定化や家屋の耐震化が大事であることは、阪神・淡路大震災以降、何度も話題になり、私たちも頭では十分にわかっているはずです。特に家具の固定化は、比較的行いやすい対策と言えます。しかし、大事だとわかっていても、なかなか腰が上がらなかったり、自分は大丈夫だろうと心のどこかで思ったりして行動に至っていない場合も多いのではないでしょうか。

津波の危険性が指摘されるあるまちの防災教育で、私は子どもたちにこんな質問をしたことがあります。「大きな地震が起き、お母さんが家具の下敷きになってしまった。動かそうにもどうにも動かせない。数分後に津波が襲ってくる。お母さんは、『いいから、逃げなさい』とあなたに言う。さて、あなたなら、どうするだろうか？」

とても厳しい質問であることはわかっています。でも、あえてそうやって子どもたちに突きつけました。どう行動するのが正解なのかはわかりません。しかし、そういった考えたくもない状況をイメージし、どうしてそんなことを考えなければならないのかと自問自答するうちに、これまで知識のみであった防災対策が、当事者感を持ってリアルに感じられるようになります。そして、家具を固定しなければならないという対策が実効性を持ち始めるのです。

住民の災害に向き合う姿勢を変えること、

主体性や当事者感を引き出すことは、ハザードマップを作ることのみで解決できることではありません。関心のない人に情報を届けることは、一朝一夕にはできないことかもしれません。しかし、そうであっても、ハザードマップを作る者は、この課題を諦めず、挑戦してほしいと思います。なぜなら、ハザードマップは、住民と行政をつなぐ唯一とも言える地域の防災の見取り図であり、住民の、わがまちの自然災害に対する当事者感を引き出すきっかけになり得るものだからです。

荒ぶる自然を目の当たりにすることが増えている昨今、自然災害や防災に関する住民のみなさんの関心は、これまで以上に高まっています。ハザードマップを活用して住民とのコミュニケーションを重ね、住民の当事者感、主体性育成を諦めずに実施していく。その積み重ねがとても重要です。

②災害イメージの固定化、安全情報との誤解を回避する

ハザードマップに関する調査では、「掲載されている情報が誤解され、かえって避難を阻害してしまう」ことや「必ずしも災害リスクが全て表現できているわけではない」ことなど、そこに示された災害リスク情報が住民に適切に理解されない状況が多々見受けられました。

私は、2004年（平成16年）から岩手県釜石市において津波防災教育に携わってきましたが、防災教育の最初の頃、子どもたちにハザードマップを見せると、子どもたちはまず、ハザードマップ上で自分の家を捜しました。次に、自分の家まで津波が来るのかどうか、つまり津波浸水想定区域に自分の家が入っているのかどうかを確認し、「俺んちセーフ、お前んちアウト」と言って盛り上がっていました。とても素直な反応だと思います。これを単に子どもの反応と笑って済ませてはいけません。声にこそ出しませんが、大人もおおむね同じような反応を心の中でしているものです。

ハザードマップで示される災害リスク情報は、あくまでも想定されるある状況をシミュレーションして算定し、時にそれを重ね合わせて地図に示したものです。必ず決まってそのような災害が発生することを示したものではありません。ハザードマップで示された状況より小さな災害で済む場合もあれば、それより大きな災害が起きる可能性もあるのです。しかし、行政依存体質を基本とする住民は、行政が発した情報であるがゆえに、それを行政が保証する確定情報と理解する傾向が強くなりがちです。ときには発信側の行政でさえも、同様の状況に陥っていることがあります。ハザードマップで示された情報を見て、自分の家には津波が来る、あるいは津波は来ないという決めつけをしてしまっているのです。洪水ハザードマップの場合であれば、住民は掲載されている情報から自宅が浸水するのかしないのか、どれくらい浸水するのかを読み取り、それが自分の家の浸水の最大値と規定してしまいます。特に、自宅の浸水が浅かったり、浸水しないことを読み取った住民は、その情報によって安心感をもち、洪水災害時において避難の意向を示さなくなります。とても怖いことです。

このような状況を、私は「災害イメージの固定化」と言っています。東日本大震災では、ハザードマップで津波による浸水が想定されていなかった区域を津波が襲い、被害に遭われた方も少なくなかったことは、「はじめに」で述べたとおりであり、災害イメージの固定化は、防災意識として大変危険な状態です。だからこそ、私は、釜石の子どもたちに、あえて「ハザードマップを信じるな！」と教え、防災講演会などでもそのようにお伝えしてきました。ハザードマップに示される浸水想定は、あまたある被災シナリオの一つにすぎないのです。

また、ハザードマップに示されている災害リスク情報について、どのようなシナリオを前提にしたものなのかが認識されていない場合、時にハザードマップが「安全地図」に変わってしまう場合もあります。洪水ハザードマップの場合、色が塗られていない地域(予想浸水深がゼロの領域)は、与えられたシナリオに基づく洪水氾濫シミュレーションにおいて、たまたま浸水が生じないと判定された領域です。特に2005年（平成17年）の水防法の改正までは、氾濫解析で必要とされるデータの制約により、中小河川は氾濫解析の対象外となるケースが多くありました。 このような氾濫解析の対象外となった中小河川の流域については、災害リスクはあるものの、それがハザードマップに表示されないという問題がありました。その結果、流域住民が「ここは洪水に対して安全な地域」として受け止めてしまうことが危惧されました。災害シナリオの前提条件が認識されないことは、災害イメージの固定化につながるのです。

さらに、表現力の限界により住民が災害リスクを誤解してしまうということもあります。例えば、洪水などの水害の場合、浸水する水の深さだけでなく、水の流れの速さ、すなわち流速も考慮する必要があります。しかし、一般的な洪水ハザードマップでは、流速まで表現することは難しく、紙面の地図に、どれくらい浸水するのかを示した予想浸水深が色で表示されています。

勾配が急な市街地の場合、氾濫した水の流速が大きく、それに伴って浸水の深さが浅くなる傾向にありますが、たとえ浸水深が浅くとも、水の流れによって歩行による避難が困難であったり、家屋崩壊の可能性があったりするなど、危険な場合が多くなります。ところが、流速が示されていないハザードマップを見た住民は、流速による危険性を考慮せず、洪水ハザードマップに示された浸水の深さだけを見て、安心感を持つ傾向にあります。ちなみに、たとえ流速を洪水ハザードマップに示したとしても、流速の危険性を住民は十分に理解していないという問題も指摘されています。

このような「災害イメージの固定化」、ハザードマップがどのような災害シナリオでできているのかという「前提条件認識の欠如」、「災害リスク情報の表現の限界によって生じる誤解」といったことが起こり得ることを、ハザードマップの作り手である行政のみなさんは、しっかりと認識しなければなりません。そして、ハザードマップで示す情報の特性を住民に伝え、災害イメージの固定化などを回避するよう工夫することが必要です。これがハザードマップを作る上での二つ目の課題です。

もちろん行政のみなさんだけでなく、ハザードマップを活用する住民のみなさんにも、自分たちが、災害イメージを固定的に捉えたり、災害リスク情報を安全情報と誤解してしまうといった傾向にあることを認識してほしいと思っています。

③作って終わりではなく、作ってからが始まり！　使い方を考え、コミュニケーションツールとして活かす

先に述べたように、災害イメージの固定化や、場合によっては住民に安心情報として誤解を与えかねないなど、ハザードマップには諸刃の剣とも言える要素があります。このことを作り手はしっかりと認識しなければなりません。

もちろん、そのような誤解などを招かないよう、ハザードマップの中で示していくことが基本的なこととして必要ですが、それだけで誤解を回避できるものでないことは、調査結果から察せられます。ハザードマップを「作って終わり」ではなく、それをどのように周知し、活用していくのかが重要なのです。

ハザードマップの周知と活用に関しては、2015年（平成27年）に水防法が改正されたことを受け、2016年（平成28年）に国土交通省が市町村に向けて作成し提供している「水害ハザードマップ作成の手引き」において、次のように明確に示されています。

> 水害ハザードマップを水害時の住民等の避難に有効に活用するには、作成・配布するだけでなく、作成した内容を様々な機会を通じて継続的に周知するとともに、ワークショップ、避難訓練、防災教育等での活用を徹底して行うなど、水害ハザードマップの理解の促進に努めることが重要である。

―「水害ハザードマップ作成の手引き」第４章 水害ハザードマップの公表・活用方法 4.1周知・活用の重要性（2016年（平成28年）4月 国土交通省）から引用 ―

この手引きは、国土交通省に設けられた「水害ハザードマップ検討委員会」によってまとめられ、第１章で述べたとおり、私も委員長として携わらせていただきました。手引きの中で周知や活用について明示した背景には、ハザードマップが認知されていないことや、作ることが目的ではなく活用することが重要であるという検討会の問題意識がありました。

ハザードマップは今や多くの市町村で作成され、公表されています（第１章参照）。住民への配布に際し、広報誌で紹介してい

る市町村も多いことでしょう。しかし、多くの市町村は、そこまでで終わってしまっているのではないでしょうか。それどころか、ハザードマップを作ることが目的化してしまっている場合もあるように感じています。

1998年（平成10年）の東日本豪雨災害や2000年（平成12年）の東海豪雨災害など、洪水ハザードマップが住民避難の促進効果をもたらしたという前例はあります。しかし、この事実のみが先行してしまい、住民に配布さえすればその効果が得られると期待する市町村が多いように思われます。配布後、住民がどのようにハザードマップを理解するのかを十分に踏まえた上で、そのフォローアップを講じることが極めて重要なのです。ハザードマップが地域防災に貢献するか否かは、作成後の周知、活用のあり方によるところが大きいということを、作り手側はきちんと受け止めなければなりません。

ハザードマップは、誰に向けて、何のために作るのか。言うまでもなくそれは、住民に向けたものであり、住民の命を守るための一環として作るものです。とても当たり前のことではありますが、このことが意外と忘れられ、あるいは意識されず、上からのお達しによる義務だから、行政としての情報開示の義務を果たす必要があるから、という理由で作られただけのハザードマップが多いのではないでしょうか。

作り手の都合ではなく、使う側の視点、住民感覚を感じ、考える。作ることを目的にせず、住民と共に自然災害の犠牲者が出ないわがまちへと育てるために、ハザードマップをどのように活用していくのかをしっかりと考え、実施していく。これがリスク・コミュニケーションツールであるハザードマップを作るための三つ目の課題です。

④地域の特性を踏まえて災害リスク情報を提供する

四つ目として、行政が実際にハザードマップを作成していく中で直面している災害リスク情報等の提供、表示に関する課題について紹介します。当然ながら、地域によって災害特性は違いますし、そこで作られるハザードマップも地域の特性を踏まえたものであるべきです。その際に直面する課題として、次の三つがあります。

A) ハザードマップの複雑化への対応

1994年（平成６年）に河川洪水を対象に始まった日本のハザードマップは、現在、洪水、津波をはじめ、様々な自然災害について作成されています。当然ながら、地域によって対象となる災害は異なり、また、複数の災害リスクを有する地域も少なくありません。住民からすれば、例えば洪水や津波など、災害別に情報を提示されるよりも、自分の地域に必要な災害について、もっと言えば、わが家に必要な災害への対策や避難場所などについて知りたいというのが本音でしょう。

前項で触れた「水害ハザードマップ作成の手引き」では、「より効果的な避難行動に直結する利用者目線に立ったものとするため」、それまで洪水、内水、高潮、津波に分かれていたハザードマップ作成の手引きを統合して改定されました。実際に、多様なリスクを掲載したハザードマップを作成している自治体もあります。

注意しなければならないことは、１枚のマップに氾濫特性や多種多様なリスク情報を掲載することは、場合によっては、マップ自体が煩雑になったり、住民にとって災害情報理解の難易度が上がり、難しく感じられる内容になってしまう可能性があるということです。その結果、「難しくてよくわからない」といった印象を与えてしまい、ハザードマップに対する住民の興味が薄れ、住民の積極的な情報取得を妨げるおそれがあります。いわば提供されたリスク情報が共倒れになってしまう問題をはらんでいるのです。

ハザードマップに掲載する情報が増え、複雑になればなるほど、より住民が理解しやすく、受け入れやすい情報提供のあり方を真剣に検討し、作成することが課題となります。

B) 複数河川が対象となる場合の浸水リスク掲載方法の工夫

地域によっては、複数の河川があり、ハザードマップに反映すべき浸水が想定される区域も複数存在するところがあります。その場合、浸水想定区域図の枚数もまた膨大なものとなり、地域の洪水リスク特性の全体像を包括的に把握することを難しくします。

このような事態を回避するため、多くの自治体においては、危機管理の観点から、複数の浸水想定区域図の中で最大の浸水深を優先し、１枚の地図にまとめて作成する傾向にあります。

しかし、対象となる河川の中に「発生頻度は低いものの、甚大な浸水被害をもたらし得る河川（低頻度・大規模）」と「発生頻度は高いものの、浸水被害の規模は中小程度の河川（高頻度・中小規模）」が混在する場合には、浸水想定区域図の最大浸水深をとって１枚の地図にまとめると、必然的に「低頻度・大規模」の浸水深のみが卓越して表現されることとなり、「高頻度・中小規模」の浸水深は、これに埋もれて表現不可能になってしまいます。

このような「最大浸水深をとってひとまとめにする」というスタンスは、行政側の危機管理の視点からみれば、“より深刻な事態への備え”という意味において理解できます。

一方で、住民側の視点に立てば、日常生活の中でより現実性の高いものとして意識され、住民が「わがこと」としてイメージしやすいのは、「低頻度・大規模」の浸水ではなく、「高頻度・中小規模」の浸水だと思われます。自治体の危機管理の観点から作成した洪水ハザードマップは、住民の水害イメージと乖離したものになってしまうという問題があります。それにもかかわらず、「低頻度・大規模」の浸水のみが卓越して表現された洪水ハザードマップが配布されれば、住民がイメージする日常的な浸水リスク情報が相殺されてしまい、それは「大げさな情報」、あるいは「過剰に危機感を煽るだけの情報」などとして捉えられ、適正に受容されない可能性や、結果として洪水ハザードマップが住民に対して有効な情報とならないおそれがあります。このような問題を認識し、浸水リスクの掲載の仕方について、利用者である住民目線で、どうすればより実効性の高い情報になるのかを考え、作成することが課題です。

C）避難計画と整合がとれないことをどう乗り越えるか

1949年（昭和24年）に施行された水防法は、これまでに幾度となく改正されてきました。その中で、2005年（平成17年）に改正された際に、市町村に対して洪水ハザードマップの作成が義務づけられました。各市町村にとっては、その作成が避難計画を見直す契機になったと思われます。

洪水ハザードマップに示される避難情報は、本来ならば地域防災計画に定められている避難計画と整合が図られるべきです。しかし、洪水氾濫時に地域に生じ得る事態を検討した結果、市域の全域が大規模に浸水し、避難所までも浸水することから、安全な避難場所が十分に確保できないなど、想定される極めて深刻な事態を前に、氾濫解析の想定結果を避難計画に反映できない市町村が少なからず存在しています。

また、2011年（平成23年）に起こった東日本大震災の教訓を基に、同年９月には内閣府中央防災会議の専門調査会による「東北地方太平洋沖地震を教訓とした地震・津波対策に関する専門調査会報告」において、津波防災について、従来の想定に加え、いわゆるＬ２と呼ばれる最大クラスの津波も想定する必要があると明示されました。翌2012年（平成24年）には、南海トラフの被害想定が発表され、2015年（平成27年）には水防法が改正されて、洪水、内水、高潮においても、想定し得る最大規模の被害想定を公表することが決まりました。その結果、避難計画との整合性をどうとればよいのか、もっと言えば、ハザードマップを作ることそのものに対して困惑している市町村が増えています。

これはとても難しい課題です。私自身は、小手先で考えるのではなく、そもそもハザードマップをどう位置づけて取り組むのかという、根本的なことから見直し、考えていくことが必要になってくると思っています。その地域の防災のあり方自体が問われている課題なのです。

★　★　★

ここに示した課題について、全てではないものの、私たちは具体的にその解決に挑み、ハザードマップを作成してきました。第Ⅱ部では、具体的にどのようなことに挑み、形にしてきたのか。また、その中で出てきた新たな課題などを実際に携わったハザードマップや取組を事例として紹介します。

第Ⅱ部

命を守るための
ハザードマップ作りへの
挑戦と葛藤

諦めたくなかった。
災害イメージの固定化を崩し、
情報取得の主体性を育むことに挑む。
最初の挑戦！「概略表記型ハザードマップ」

「ハザードマップを信じるな！」とても激しい言葉かもしれませんが、この言葉には、私のハザードマップに対する危機感、問題意識が強く含まれています。

第６章で述べたとおり、ハザードマップの課題の一つとして、「災害イメージの固定化」があります。このことに対する強い危機感が私の中にはあります。

ハザードマップを作るためには、どうしてもある想定が必要です。災害の想定を行わずしてハザードマップは作成できません。それが作り手としては、とても当たり前であり、疑う余地のないことです。そのため、ハザードマップには災害のイメージが固定化してしまう可能性が付きものなのです。災害イメージの固定化を少しでも回避するために、例えば災害想定図に「ここに示すものは、一つの想定にすぎない」といった注意書きを載せるなどの対応でよしとしようと作り手として飲み込むこともできるでしょう。

しかし、私にはそれができなかった。災害イメージの固定化を崩すことをどうしても諦めたくなかったのです。では、どうしたらよいのか。考えて考えて、悩んでたどり着いたのが、災害想定の情報精度をあえて落とすということへの挑戦でした。

災害イメージの固定化のほかに、あと二つ、私には諦めきれないこと、なんとか解決のために挑戦したいことがありました。一つは、「災害リスク情報を取得し、避難する住民の主体性を引き出す」ことです。ハザードマップを受け取る住民のみなさんに、災害リスク情報への疑問を持ってもらい、自発的に考えてもらえるようにしたいというねらいを持って、そのための工夫を試みました。

さらにもう一つは、作って終わりではなく、使い方も考え、ハザードマップをリスク・コミュニケーションツールとして活かすことへの挑戦です。作成するハザードマップを住民と行政とのリスク・コミュニケーションのきっかけにしたいという強いねらいを持って作成の仕方を考えました。

これらのことに挑戦し、形にしたものが「概略表記型ハザードマップ」です。

今現在、概略表記型をまねてハザードマップを作成することはお薦めしませんし、作成の仕方としてまねてほしいとも思いません。しかし、私がハザードマップについて考えていった重要な軌跡の一つとして、また、その際に持った問題意識や挑戦の背景、工夫は、ハザードマップの作り手のみなさんや住民のみなさんにも是非意識してほしいことであるため、あえてここで紹介しています。具体的にどのような工夫を行ったのか、実際に作成した二つのハザードマップを例に見ていきましょう。

実践事例１

岐南町洪水ハザードマップ

［岐阜県岐南町］

2005年（平成17年）の水防法の改正を受けて作成し、2006年（平成18年）３月に公表

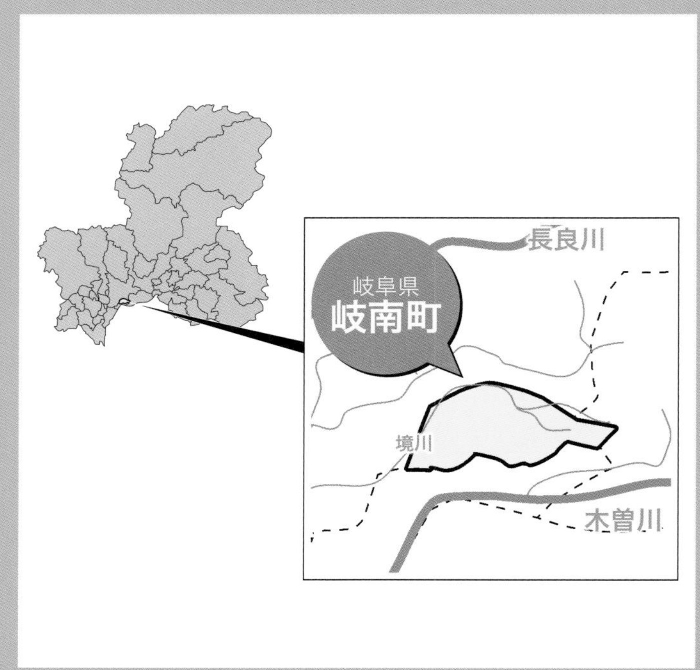

岐阜県岐南町は、濃尾平野の北部に位置し、木曽川・長良川・境川の三つの河川に囲まれ、木曽川右岸のなだらかな平坦地に広がる町です。総面積は7.91km^2。北と西は境川をへだてて岐阜市、東は各務原市、南は笠松町に接しています。県庁所在地の岐阜市市街地へは国道21号線で約５km、名古屋市へは国道22号線で南へ約30kmの近距離にあり、交通の便に恵まれている位置にあります。

過去に豪雨災害による被害を受けてきた岐南町。特に、1976年（昭和51年）９月12日に発生した豪雨災害では、徳田地区を中心に床上浸水家屋が306件にも及びました。

岐南町では、一級河川の木曽川と長良川、県管理河川である境川をそれぞれ対象とした浸水想定区域図を作成しており、これら３枚の浸水想定区域図から洪水ハザードマップを作成する必要性がありました。洪水ハザードマップを作成する際、３枚の浸水想定区域図を重ねてその最大浸水深のみを表示しようとすると、被害規模が小規模であるものの、高頻度の発生が想定される境川の氾濫の危険性を住民に提示することができなくなることが懸念されました。

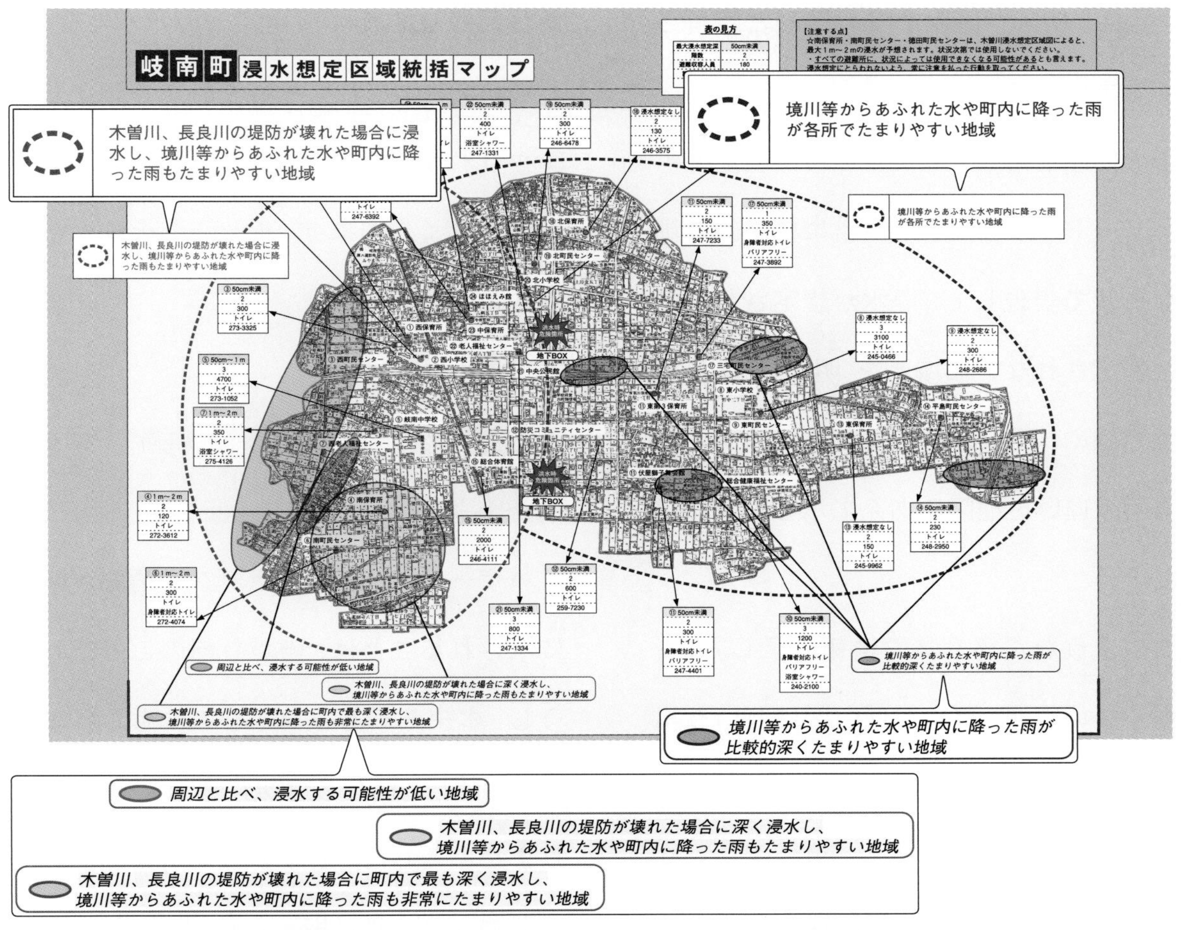

［図1］　岐南町浸水想定区域統括マップ（岐南町ハザードマップ浸水編から）2006年（平成18年）公表

［このハザードマップは冊子形式になっており、この統括図の後ろに、木曽川、長良川、境川の浸水想定区域図が掲載されています。］

浸水が想定される領域の表現をあえて明確にしない！

［**図1**］が岐南町で作成した「概略表記型ハザードマップ」です。

まず、災害イメージの固定化を起こさないために挑んだことは、浸水リスク情報をあえて粗くし、明確にしないということでした。

従来の洪水のハザードマップでは、例えば「0.5m以上～1.0m未満」といったように、浸水の深さの具体的な数値情報を色分けで表現して掲載しています。また、地図上に浸水が想定される領域を表す線をハッキリ引いて示す場合も多くあります。

この方法は、災害リスク情報を明確に示せる反面、領域を表す線の外側になった区域が「浸水がない区域」と誤解されたり、浸水の深さが低いことを示す色で塗られた区域が「浸水が少ない区域」と誤解されるといった災害イメージの固定化を引き起こし、結果、リスク情報を安心情報と理解されてしまいがちでした。

この問題を解決するため、概略表記型洪水ハザードマップでは、非常に概略的で単純な形状で表現して、浸水が想定される領域と想定されない領域とを“明瞭”に区分する境界線や、浸水の可能性が高い場所と低い場所の違いを地図にあえて示しませんでした。

このような災害リスク情報の示し方は、浸水しない区域、浸水が低い区域という誤解が生じにくく、仮に浸水区域を示すなんらかの線を引いたとしても、線のぎりぎり外側にある家は、浸水の可能性を念のため想起することも期待されます。

また、この方法により、複数河川がある場合に懸念される問題の解決に臨み、三つある河川の浸水リスクをイメージできるよう表現することが可能となりました。具体的には、頻度は低くても大きな被害が想定される浸水情報の表示を優先することにより、頻度は高いものの被害規模が小規模の河川氾濫の危険性、つまり最も身近な災害の可能性を住民に提示できなくなるということを回避しました。

一方で、このハザードマップを受け取った住民からすれば、「自宅が浸水するのか、しないのか、どれくらい浸水するのかがハッキリわからない」という不満が生じる可能性が高くなります。しかし、それも私たちのねらいでした。

ハッキリ示さないことで、主体性を呼び起こしたい！

ハザードマップに災害リスク情報が明確に示されることは、当たり前のことでしょうし、本来そうあるべきなのかもしれません。しかし、私たちは気になって仕方がありませんでした。そうやって示されたハザードマップを受け取った住民が、どのような反応を見せるのかということが。

そこで、もし私自身が防災に詳しくない一人の住民の場合、ハザードマップを受け取ったときにどのような反応を見せるのかを想像してみました。自分の家の災害リスク状況を確認し、自宅が浸水区域に入っている場合は、どんな状況なのか、どこに避難したらよいのかなどを確認しようとするでしょう。もし、その情報がわかりにくく難しそうに感じられた場合は、難しそうだから、後でゆっくり見ようと思ってハザードマップを閉じてしまい、そのままになってしまうかもしれません。自宅が浸水区域に入っていなかったり、低い浸水深が示されている場合は、安心してハザードマップを閉じてしまう可能性が高い気もします。いずれにしても、受け身な態度でハザードマップを受け取り、心の引っかかりがそんなに高くならないままで、それをしまうような気がします。そんな自分をイメージしたとき、そのような状況に風穴を開けなければならないと強く思いました。災害リスク情報をあえて曖昧に示す概略表記型ハザードマップを作った背景には、そのような思いもありました。

ハザードマップを見ても、自分の家が浸水するのかどうかわからない。そんな曖昧な情報を見た住民のみなさんは、「これじゃあ、わからない」「結局、わが家は浸かるのか？　浸からないのか？」といった疑問を抱くのではないでしょうか。疑問を抱くと、本当のところが知りたくなる。そこで初めて、人から言われるのでも、受け身でもなく、自ら「いったいわが家は浸かるのか？　浸からないのか？　いったいどうしたらよいのか？」を知ろうとする。つまり、主体的に災害について考え、自らリスク情報を得ようとするのだろうと思います。

岐南町で作成した概略表記型のハザードマップは、災害リスクを概略的に表現することによって、自らが洪水時にとるべき対応行動を住民に自発的に考えてもらうこと、より詳しい情報を知りたいという情報検索意欲を高めてもらうことを意図しています。

コミュニケーションのきっかけと知りたい欲をフォロー！

では、わが家が浸水するかどうか、詳しい情報を知りたいと思った住民はどうするのか。考えられるのは二つのことでした。

一つは、詳しい浸水情報を探すということです。このフォロー対策として、岐南町のハザードマップは冊子形式にし、三つの河川の災害リスクについて概略表記した統括マップを示すと同時に、後のページには、その基となっている各種浸水想定区域図を掲載しました。

もう一つは、ハザードマップを公表している役所に問い合わせるということであり、これこそが、ハザードマップをリスク・コミュニケーションツールとして活かすことへの挑戦であり、私たちがねらったことでした。つまり、ハザードマップを、住民と行政が共に岐南町の自然災害リスクについいて共有し、災害に備えるためのリスク・コミュニケーションのきっかけにしようと考えたのです。住民からの問い合わせがあることを前提としてハザードマップを公表することは、行政にとっては勇気のいることでしょう。あるいは、そのような対応を面倒と思う担当者もいるかもしれません。ハザードマップの本質を認識し、何より住民に災害リスク情報に関する誤解を与えず、共に自然災害の人的被害を軽減していこうという強い意志がなければ展開できないものかもしれません。実際に概略表記型ハザードマップを展開した岐南町役場のみなさんがそれを持たれていたからこそ、実施できた取組だと感謝しています。

知っておくべき災害リスクを言葉で伝える！

最後にもう一つ、このマップで展開した工夫をご紹介します。それは、「災害リスク特性を日本語で表現した」ということです。

ハザードマップに掲載される情報は、浸水想定区域図やその根拠となる氾濫解析結果などに基づいた“行政や専門家による解釈済みの情報”として公表されます。掲載されている数字や色分け、記号などについて、それらが何を意味しているのかを見る側が読み取らなければならないハザードマップがほとんどだと思います。これが、ハザードマップを「わかりにくい」と感じさせる原因かもしれません。

概略表記型洪水ハザードマップでは、表現手法としては“概略的”でありながらも、浸水想定区域図から住民が読み取るべき洪水リスク特性、すなわち住民が知っておくべき知識（住民に伝えたいメッセージ）の内容を、“直接的”にそのまま日本語で伝えています。これにより、岐南町の場合であれば、三つある河川のうち、どの河川による災害の影響をどの区域が受けやすいのかという基本のリスク情報を簡単に知ることができるようになっています。

実践事例２

扶桑町水害対応ガイドブック

［愛知県扶桑町］　2011年（平成23年）３月初版発行

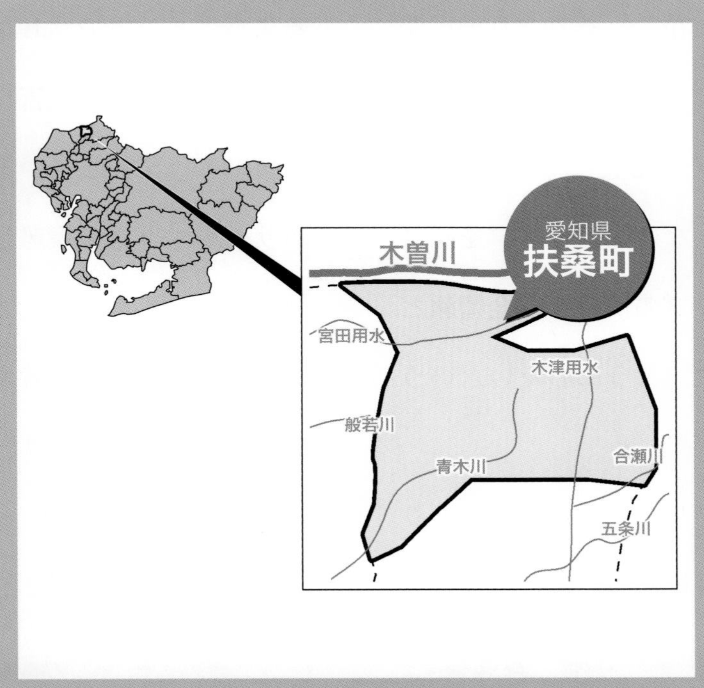

扶桑町は、愛知県の西北部にあり、東は犬山市、西は江南市、南は大口町、そして北は木曽川をへだてて岐阜県各務原市に接しています。

土地はおおむね平坦で、北に高く、南にやや低く、総面積11.19㎢、濃尾平野の一部をなしている田園地帯です。400年ほど前の木曽川堤防がなかった時代には、木曽川はたびたび氾濫を起こし、木曽川堤防の完成後は、時折水害に遭いながらも繁栄してきました。

扶桑町では、一級河川の木曽川と県管理河川である新郷瀬川、内水氾濫（想定＋実績）をそれぞれ対象とした浸水想定区域図があり、これら３枚の浸水想定区域図から洪水ハザードマップを作成する必要性がありました。木曽川氾濫、新郷瀬川氾濫、内水氾濫という三つの災害リスクを同じ紙面上で表すことで、住民にとって情報がわかりにくくなるのではないかという懸念がありました。

安全情報との誤解とハザードマップの複雑化を回避したい！

扶桑町の場合、川の氾濫という外水氾濫とゲリラ豪雨などによって、まちの排水機能を超える雨が降ることで起こる内水氾濫の危険性があることから、それぞれの氾濫の違いを住民のみなさんに理解してもらうことが必要だと考えました。これにより、浸水深だけでは表せない災害リスクを感じ取り、ハザードマップの情報を安全情報と誤解されることのないようにしたいという思いがありました。

また、三つの災害リスクの掲載がわかりにくくならないようにするためにも、まず外水と内水の違いを明確に示したいと考え、［**図2**］［**図3**］のようなページを設けました。

その中で、町内のどの川あるいはどの辺りが、どの災害に関係するのかを把握できるようポイントで示し、自分の知りたい川やエリアに関する災害リスク情報を見つけやすいよう工夫しています。この背景には、ハザードマップの複雑化によって、住民の「難しくて見たくない」という感情を引き出したくないという考えがありました。ちなみに、扶桑町のハザードマップは、そういったページを含め、「扶桑町水害対応ガイドブック」という冊子で発行しています。

［図２］　「扶桑町水害対策ガイドブック」から

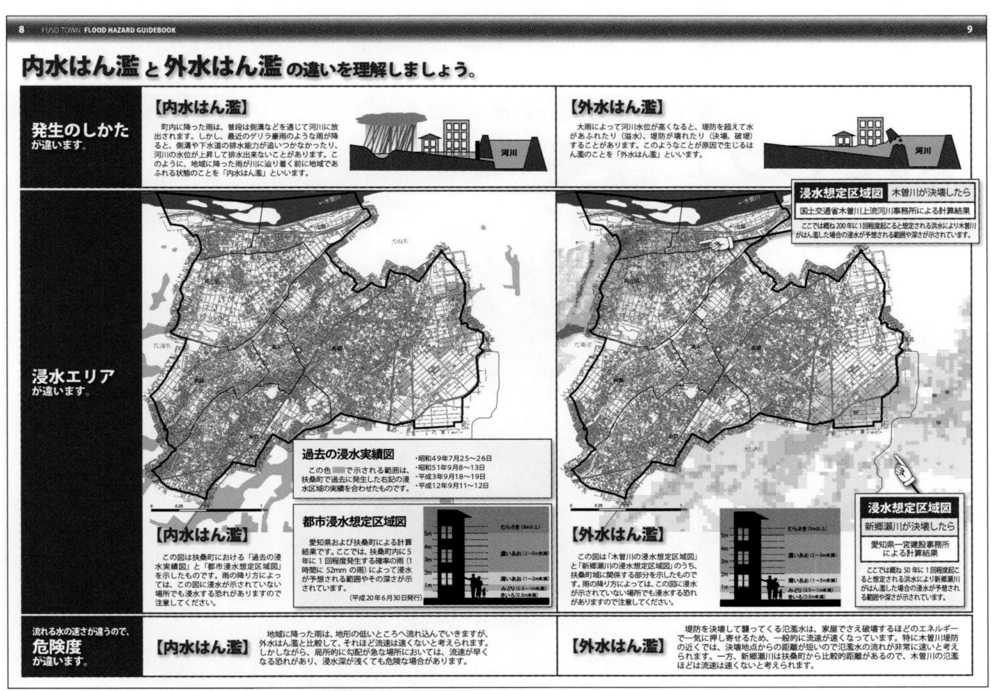

［図３］「扶桑町水害対策ガイドブック」から

災害イメージを決めつけず、自発的に考えてもらいたい！

扶桑町の水害対策ガイドブックで示したハザードマップの一番の特徴は、浸水領域を表す境界線をあえてグラデーション化し、明瞭に区分しなかったことです。これは、岐南町の場合と同様に、災害イメージを固定化させたくなかったからです。先に紹介したように、内水氾濫と外水氾濫について示し、その後のページで、内水・外水の浸水想定区域図等に基づいた扶桑町の浸水被害の統括図として、［**図４**］のハザードマップを示しました。木曽川の外水氾濫、新郷瀬川の外水氾濫、内水氾濫という異なる三つの浸水被害について、それぞれの影響を受けやすい地域を色の違いで表現しています。地域に潜む災害の危険を総体的に喚起し、「どの川がどうなったら、どこが危険なのか」「内水氾濫のときはどうなのか」といった自分の地域の災害リスクについて、住民に自発的に考えてほしいという考えから、このようなハザードマップにしました。また、この扶桑町のハザードマップは、概略表記型のそれですが、住民のみなさんに災害リスクを誤解せずに気づいてほしいという思いを強く持っていたことから、「気づきマップ」と表現していました。これは、後に紹介する「気づきマップ」とはタイプの異なるハザードマップではありますが、その原型になったマップとも言えます。

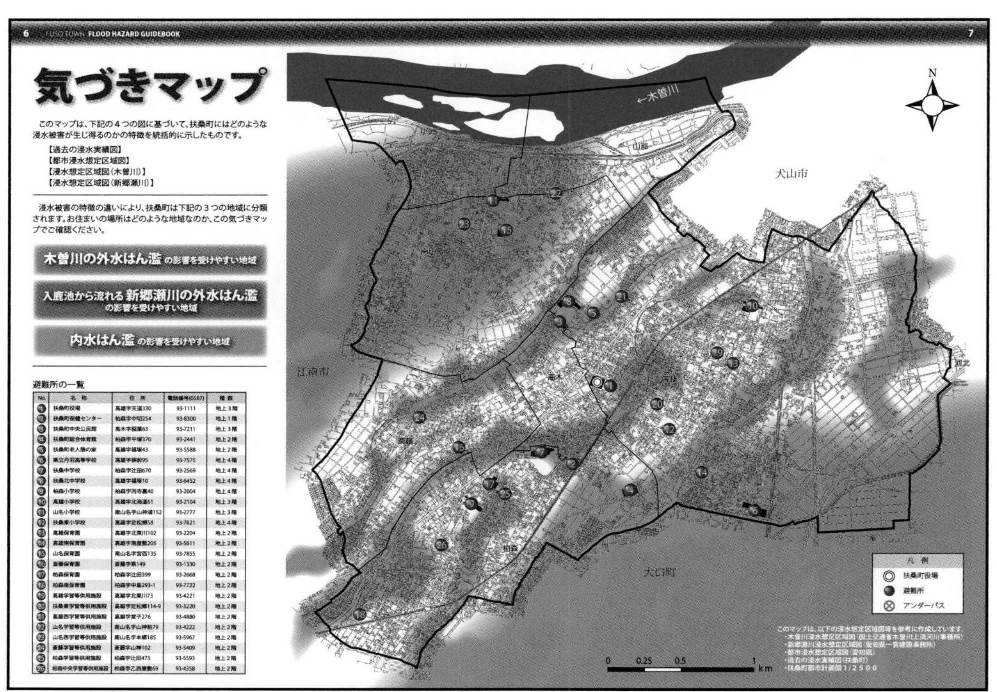

［図４］「扶桑町水害対策ガイドブック」から

［これは、概略表記型ハザードマップであり、次フェーズで紹介する「気づきマップ」とはタイプの異なるハザードマップですが、住民のみなさんに自分のまちの災害リスクに気づいてほしいとの思いから「気づきマップ」という表現を使っています。］

以上、概略表記型ハザードマップについて二つの事例を紹介しました。ここで示したものは、もしかしたらハザードマップの常識とは異なるものかもしれません。住民とのリスク・コミュニケーションを前提とするこれらのマップは、行政にとっては展開のハードルが高いということも考えられます。また、ハザードマップに掲載すべき情報が複雑化、精密化している現状では、受け入れ難い内容かもしれません。

しかし、災害イメージの固定化といった課題の解決とともに、住民の誤解やわかりにくさを生じさせかねない数値での情報発信でなく、住民が知っておくべき情報を言葉でダイレクトに表現したことなど、概略表記型の背景にある想いや理念は、ハザードマップ作りの一つのターニングポイントともいえる、意味を持ったものであったと感じています。このマップで私たちが行った挑戦、諦めたくなかったことは、今、そしてこれからハザードマップを作られる方々への、一つの問題提起や発想のきっかけになるのではないかと思っています。

地域の特徴を表現することに注力した「気づきマップ」

意欲的に展開した概略表記型ハザードマップでしたが、その作成には二つの課題がありました。まず一つは、概略的であるがゆえに、より複雑な災害リスク特性を表現することが難しいということです。そしてもう一つは、日本語表現であるがゆえに、マップ作成者の主観や能力に左右され、作成者が異なれば出来上がるマップの記載内容も当然ながら異なってしまうということです。

そこで、概略表記型の理念を踏襲しつつ、その作成課題の克服を念頭に置き、表現力のより豊かで実用性の高い手法に挑戦しました。それを硬い言葉で表せば「災害リスク統括マップ」となりますが、住民の親和性をより高めるねらいで「気づきマップ」という名前をつけました。

「気づきマップ」は、複数河川や複数災害など、それぞれの地域の特性を表現することにより重きを置き、住民に自分の地域の災害リスクの全体像を把握してもらうことを目的として作成するハザードマップです。

このマップは、無関心層への訴求を意識し、地域の包括的な災害リスク特性に関する気づきを得るきっかけとしての活用も意図して生み出したものです。

複雑化した地域災害特性をわかりやすく表現する

ハザードマップには、大きく分けて、想定される災害が発生したときの状況を示した地図面と、災害時に伝達される情報などを記した情報面の二つで構成されます。地図面には、地域に発生するおそれがある災害に関する情報が掲載されますが、同じ地域に複数の災害事象が想定されていたり、洪水の浸水想定区域図が複数想定されていたりする地域では、どうしても掲載する情報が多くなり、課題で示した「ハザードマップの複雑化」が起こります。このような場合、ハザードマップを見ようと思った住民は、掲載された様々な情報からどのような情報が重要かを自らくみ取り、読み解かなければならなくなってしまいます。そのため、「難しい」「わかりにくい」という印象を与え、情報を得ようとする気持ちを萎えさせてしまうことも考えられます。

ハザードマップの地図面には、主にその地域に想定される災害事象の発生時の状況が示されます。災害事象として表現されるもの、つまり、地域の災害リスク情報の基となる材料には、洪水時の河川の氾濫状況や地域内に雨が多く降った状況を想定した浸水想定区域図、大雨や地震などで発生するがけ崩れや土石流等のおそれのある箇所を示した土砂災害警戒区域図や土砂災害危険箇所図、津波襲来時の浸水状況を表した津波浸水想定区域図等があります。地域内にこれらが指定されている場合には、その情報を地図面に掲載します。さらに、地域内に河川がいくつも流れていたり、河川氾濫と津波のどちらの影響も受ける場合など、地域によっては複数の災害事象が重なる場合も考えられます。市町村ごとに災害特性は異なりますが、さらに市町村の中でもその特性は異なることがあり、ハザードマップは複雑化して、住民にとって難しかったり、わかりにくい内容になる可能性が高まります。そのため、複雑化する地域の災害特性を踏まえながらも、地域が災害によってどうなるかについて、ハザードマップとしてわかりやすく表現することが大切です。

このフェーズでは、ハザードマップの複雑化によってマップがわかりにくくなるという課題を解決し、複数河川や複数災害を有する地域の災害リスク全体像を住民に把握してもらうことに挑戦した三つの事例を紹介します。

実践事例3

清須市ハザードマップ

［愛知県清須市］

2008年（平成20年）「清須市ハザードマップ」を発行。その中で複数の河川の災害を重ねた「気づきマップ」を掲載。2012年（平成24年）には改訂版を発行。

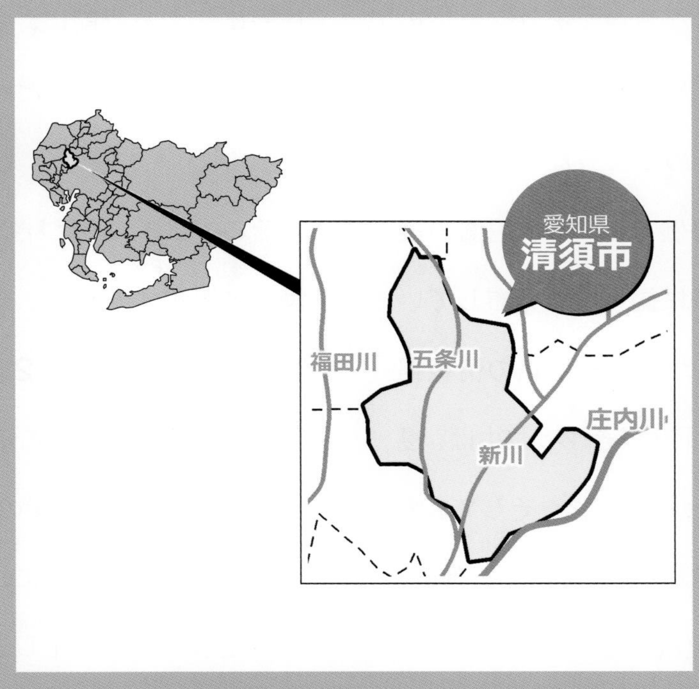

濃尾平野の中央部に位置し、名古屋市と隣接している愛知県清須市は、名古屋市中心部から西北にわずか5kmという立地条件にあり、交通条件に恵まれています。古くから木曽川・庄内川の氾濫により発達した沖積地であり、海抜は10m未満で起伏がなく、おおむね平坦な土地です。市の中央を新川が貫流し、西部に流れる五条川は市の南端で新川と合流しています。東南には庄内川が流れ、平常時でも自然排水が困難な状態にあり、潜在的に洪水の危険性をはらんでいる地域です。

2000年（平成12年）の東海豪雨災害では、新川左岸の堤防が決壊し、市内の旧西枇杷島町のほぼ全域が浸水し、新川右岸においては、堤防の決壊はなかったものの内水氾濫により広範囲に浸水し、甚大な被害を被りました。

誤解を生まないために表現のルールを定めた

先に述べたように、地域の災害リスク情報の基となる材料はいろいろありますが、その中から「気づきマップ」の作成に活用するものを選びます。選定すべき材料としては、浸水想定区域図が標準と言えますが、地域の実情によっては、それのみに限定する必要は決してありません。例えば、内水氾濫の浸水想定区域図や氾濫した水の流れる速さに関して示した最大流速分布図などの情報が入手でき、なおかつそれが地域の洪水リスク特性を如実に表現し得るものであれば、それらを含めるような対応もあり得ます。清須市の事例では、内水氾濫の浸水想定区域が市全域に偏りなく分布していたこと、最大流速については別途の情報掲載があることから、「気づきマップ」は、浸水想定区域図を主としました。そして、清須市を流れる三つの河川（庄内川、新川、五条川）の浸水特性（浸水想定）に基づいて、住民が気づいておく必要がある浸水被害の特徴を統括的に示すものにするという基本方針を決めました。

３河川はそれぞれに災害リスクを示した浸水想定区域図があったため、これを一つに統合して、わかりやすく表現しなければなりません。ここで問題となるのが、その川が氾濫することによって、どれくらいの浸水があるのかという「浸水規模」と、100年に１度の大雨など、その川がどれくらいの大雨を想定して整備されているのかという「降雨確率」が、それぞれの河川で異なっているということです。これを混在したまま表現することは、住民に誤った情報を届けることや誤解を生む可能性があります。そのような事態にならないためには、住民に伝える以前に、マップを作成する側の意識を統一することが必要です。

そこでまず、「気づきマップ」で何をどのように表現するのか、そのルールを定めました。［**表１**］と［**表２**］のように、浸水深及び降雨確率に関する表現のルールを決めました。また、浸水深の表現ルールに基づいて、［**図５**］のように、三つのそれぞれの川の浸水深を概略化しました。このような浸水規模の違いと降雨確率の違いの組み合わせにより、「気づきマップ」では、［**表３**］に示すようなルールに則り、浸水特性を表現しました。

内水氾濫による浸水については、地域的な大きな偏りは見られず、全域に及んでいることから、「気づきマップ」においてはその旨を表記しました。

このようなルールを定めつつ、複雑な災害地域特性を表現しやすいように工夫することで、概略表記型ハザードマップ作成の

「概略的であるがゆえに、より複雑な災害リスク特性を表現することが難しい」という課題を克服しました。

［表１］　浸水深の表現ルール

(a)各河川の浸水想定区域図の中の表記	主となる浸水深の色	(b)気づきマップでの表現
なし	白	
小	黄・緑	浸水する…
中	薄い青	深く浸水する…
大	濃い青	非常に深く浸水する…

［表２］　降雨確率の表現ルール

決壊させる河川	想定条件	(c)気づきマップでの表現
庄内川	1/200	…可能性がある。
新川	1/100相当	…可能性が高い。
五条川	1/50（新川との合流点付近のみ1/100）	

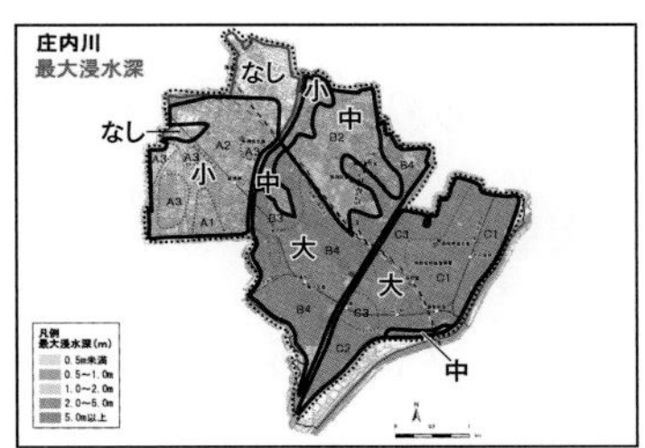

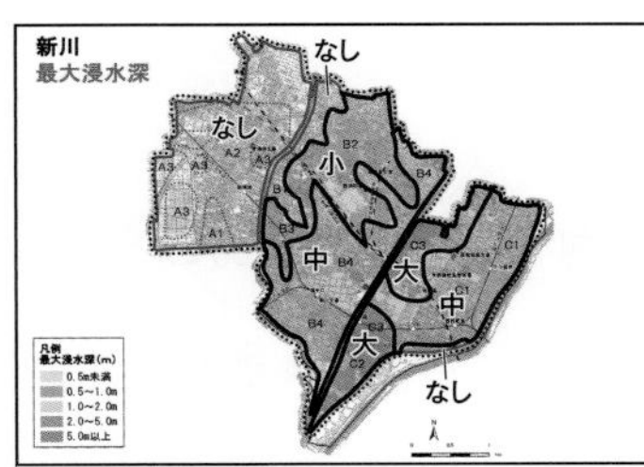

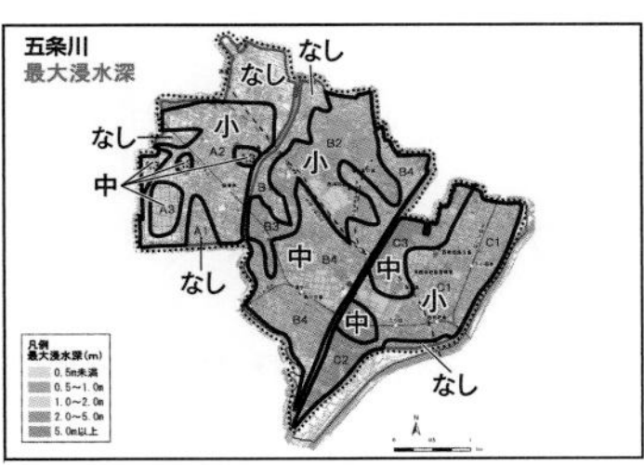

［図５］　浸水深の表現ルールに基づく浸水深の概略化

［表３］　気づきマップの表現ルール

		五条川が決壊した場合		新川が決壊した場合		庄内川が決壊した場合	
		(a)	(b)と(c)による表現	(a)	(b)と(c)による表現	(a)	(b)と(c)による表現
気づきマップ中の地域区分	(A0)	なし	－	なし	－	なし	－
	A1	小	浸水する可能性が高い	なし	－	小	浸水する可能性がある
	A2	なし	－	なし	－	小	浸水する可能性がある
	A3	中	深く浸水する可能性が高い	なし	－	小	浸水する可能性がある
	B1	なし	－	なし	－	小	浸水する可能性がある
	B2	なし	－	なし	－	中	深く浸水する可能性がある
	B3	小	浸水する可能性が高い	小	浸水する可能性が高い	中	深く浸水する可能性がある
	B4	小	浸水する可能性が高い	小	浸水する可能性が高い	中	非常に深く浸水する可能性がある
	B5	中	深く浸水する可能性が高い	中	深く浸水する可能性が高い	大	非常に深く浸水する可能性がある
	C1	なし	－	なし	－	中	深く浸水する可能性がある
	C2	小	浸水する可能性が高い	中	深く浸水する可能性が高い	大	非常に深く浸水する可能性がある
	C3	小	浸水する可能性が高い	大	非常に深く浸水する可能性が高い	大	非常に深く浸水する可能性がある
	C4	中	深く浸水する可能性が高い	大	非常に深く浸水する可能性が高い	大	非常に深く浸水する可能性がある

概略表記型の特徴も取り入れ、情報取得の主体性も意識！

清須市の「気づきマップ」では、例えば、災害イメージを固定化させないために、浸水特性の境界線をあえて破線で曖昧に表現したり、住民のみなさんに知っておいてほしい災害リスクを数値ではなく言葉で表現するなど、フェーズ1で行った概略表記型の特徴も取り入れています。

また、三つの河川それぞれの影響について、市を三つの地域に分け、それぞれの地域での浸水の特徴を言葉での説明やアルファベット、色で示す工夫を行いました。このような表現の背景には、住民がマップ上で、自分の住む場所の浸水の特徴を自ら探すという情報取得の主体性を引き出したいという思いもありました。不適切な表現かもしれませんが、地図の中から自らに関する情報を探すゲームのような感覚で、災害リスク情報に関心を持ち、必要な情報への道筋を自分でたどって情報を取得するという、そんな仕掛けをしたかったのです。

災害のイメージの固定化については、「気づきマップ」で示したことが絶対ではなく、いろいろなシナリオがあるということについても、言葉で明確に示しています。

清須市で作成したハザードマップは、「気づきマップ」という方法の基本型と言えます。

住民アンケートや合意形成を事前に実施

統括的マップである「気づきマップ」を提案してはいますが、だからといって私は、「浸水想定区域図の掲載自体を省略すべき」と主張しているのではありません。むしろ、浸水想定区域図の掲載は必須であると考えています。「気づきマップ」は、浸水想定区域図などに掲載されている情報内容を歪みなく適切に解釈するための道しるべ的役割を担うものとも言えます。また、私にとって「気づきマップ」は、作り手の視点ではなく、使う側の視点で発想したときに、浸水想定区域図等をどのように表現できるのかということに挑んだマップであるという思いもあります。

概略表記型もそうですが、「気づきマップ」は一般的なハザードマップとは異なるため、作成主体である市町村はもとより、その基図となる浸水想定区域図を提供する河川管理者（国土交通省の河川事務所や都道府県・関係部局の担当者）もしくは、実際にハザードマップを作成する市町村の十分な理解を得られなければ、実践適用は難しいことも考えられます。

この点への配慮として、清須市の事例では、事前に住民アンケートを実施し、洪水災害に無関心な住民の存在についての把握等を行いました。その結果、アンケートの全回答者中のおよそ３分の１が無関心層であることがわかりました。これを受けて、住民に対して、どのような情報提供が求められているのかを市担当部局の方々と共に議論する場を設けました。この議論の中で、“浸水想定区域図の道しるべ的役割”を担う情報、すなわち「気づきマップ」がその時点での清須市にとっては重要な役割を担うとの認識を市担当部局で共有しました。清須市では「気づきマップ」を含めた洪水ハザードマップを冊子形式で作成していますが、この「気づきマップ」が、浸水想定区域図よりも前の冒頭部分に掲載されています。このことは、“道しるべ的役割”に関する自治体担当者の理解が反映された結果だと言えます。

清須市洪水ハザードブック
気づきマップ

このマップは、国土交通省庄内川河川事務所および愛知県による庄内川、新川、五条川が決壊した場合の計算結果に基づいて、清須市にはどのような浸水被害が生じ得るのか、その特徴を統括的に示したものです。

実際の豪雨時には、河川が決壊するのかどうか、決壊するならどの河川か、全ての河川が決壊するのか、いつ決壊するのか、などなど数え切れないほど多くのシナリオが考えられます。つまり、わたしたちが備える将来の洪水災害は、複雑で不確実なものです。

「必ずこうなる」とは断言できません。しかし、わたしたちは備えなければいけません。そのためには、あなたの住む地域やご自宅付近などには、どのような洪水の危険があり得るのか、その傾向と特徴にまずは気づいておく必要があります。まずは、この「気づきマップ」で確認してみましょう。

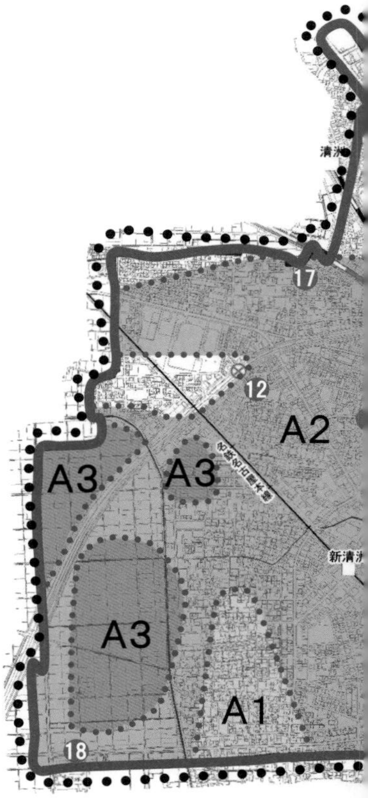

◎● 市役所・庁舎
●：指定避難所
⊗：アンダーパス（洪水時の危険箇所）

No.	指定避難所	階数	電話番号（052）
1	西枇杷島小学校	3	502-1406
2	西枇杷島中学校	3	501-1405
3	古城小学校	3	502-7171
4	西枇杷島会館	2	501-6351
5	西枇杷島福祉センター	2	502-7530
6	にしび創造センター	4	504-6361
	清洲小学校	4	400-3651
	清洲総合福祉センター	2	401-0031
	清洲庁舎保健センター	2	400-2721
	本町保育園	2	400-3064
	西田中公民館	2	409-4253
12	廻間公民館	2	409-0426
13	新清洲保育園	2	409-1470
14	清洲市民センター	3	409-6471
15	朝日公民館	2	409-2914
16	アルコ清洲	4	409-8181
17	清洲コミュニティセンター	2	409-4050
18	県立五条高校体育館	1	442-1515
19	新川小学校	2	400-2771
20	星の宮小学校	2	409-0016
21	桃栄小学校	2	409-8861
22	新川中学校	2	400-0531
23	新川体育会館	3	409-1535
24	新川ふれあい防災センター	2	—

災害リスクを数値ではなく、言葉で表現することで、災害イメージの固定化を回避

A3
A3
A2
A3
A1
12
17
18

B地域
五条川と新川に囲まれた地域

B地域における浸水の特徴
新川の西側で決壊した場合に深く浸水しやすく、五条川の東
た場合にも深く浸水しやすい地域です。また、庄内川が西
場合には、非常に深く浸水する可能性が高く、そのときは浸
にわたる可能性が高いという特徴があります。

B1	庄内川が決壊した場合、浸水する可能性がある。
B2	新川が決壊した場合、浸水する可能性が高い。 五条川が決壊した場合、浸水する可能性が高い。 庄内川が決壊した場合、**深く**浸水する可能性があ
B3	新川が決壊した場合、浸水する可能性が高い。 五条川が決壊した場合、浸水する可能性が高い。 庄内川が決壊した場合、浸水する可能性がある。
B4	新川が決壊した場合、浸水する可能性が高い。 五条川が決壊した場合、浸水する可能性が高い。 庄内川が決壊した場合、**非常に深く**浸水する可能
B5	新川が決壊した場合、**深く**浸水する可能性が高い 五条川が決壊した場合、浸水する可能性が高い。 庄内川が決壊した場合、**非常に深く**浸水する可能

02 清須市洪水ハザードブック

［図6］　清須市ハザードマップ（2008年発行）に掲載した「気づきマップ」

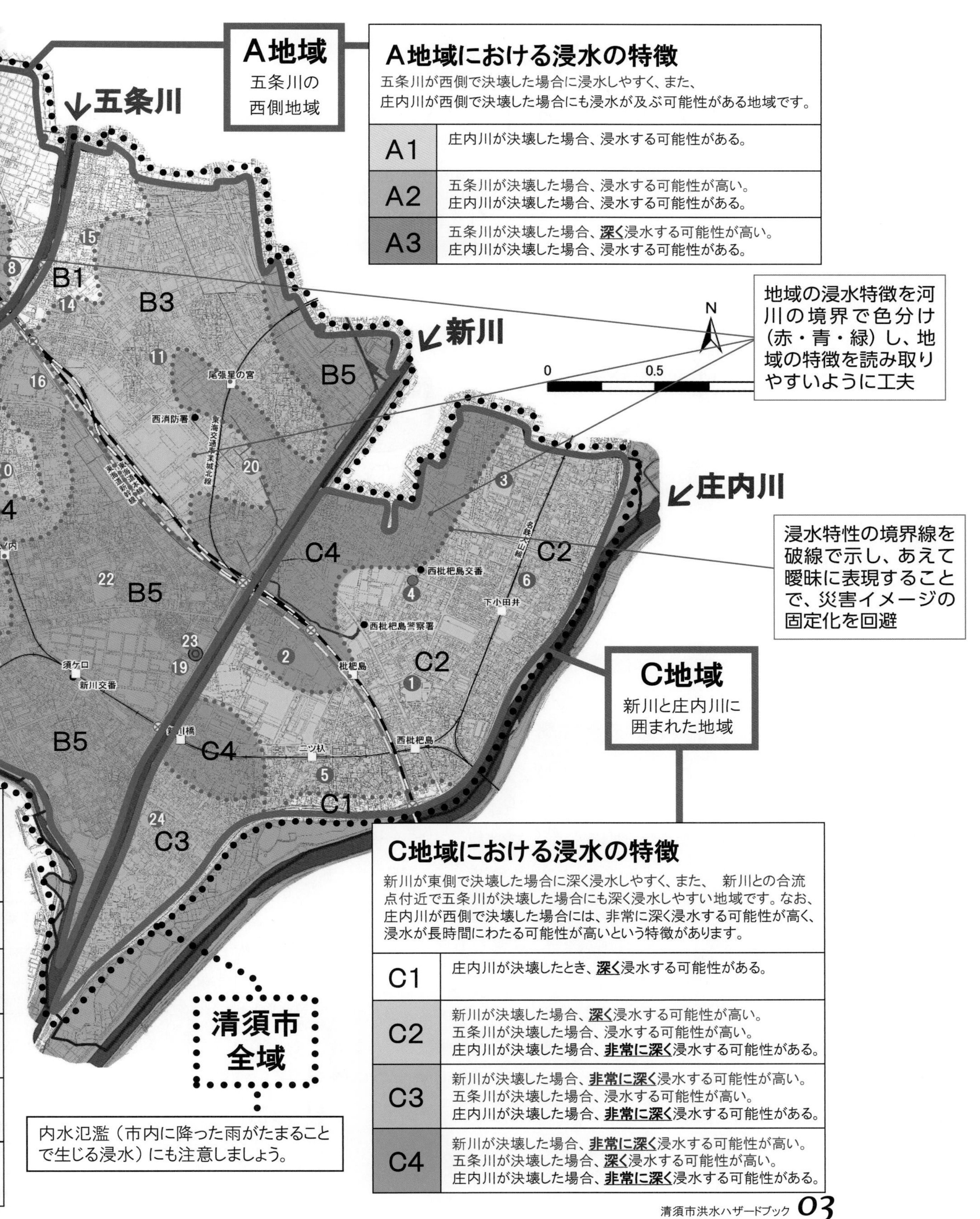
A地域
五条川の
西側地域
A地域における浸水の特徴
五条川が西側で決壊した場合に浸水しやすく、また、
庄内川が西側で決壊した場合にも浸水が及ぶ可能性がある地域です。
A1　庄内川が決壊した場合、浸水する可能性がある。
A2　五条川が決壊した場合、浸水する可能性が高い。庄内川が決壊した場合、浸水する可能性がある。
A3　五条川が決壊した場合、深く浸水する可能性が高い。庄内川が決壊した場合、浸水する可能性がある。
五条川
新川
庄内川
地域の浸水特徴を河川の境界で色分け（赤・青・緑）し、地域の特徴を読み取りやすいように工夫
浸水特性の境界線を破線で示し、あえて曖昧に表現することで、災害イメージの固定化を回避
N
0
0.5
B1
B3
B5
C1
C2
C3
C4
尾張星の宮
西消防署
西枇杷島交番
西枇杷島警察署
下小田井
枇杷島
須ケ口
新川交番
新川橋
二ツ杁
西枇杷島
C地域
新川と庄内川に
囲まれた地域
C地域における浸水の特徴
新川が東側で決壊した場合に深く浸水しやすく、また、新川との合流点付近で五条川が決壊した場合にも深く浸水しやすい地域です。なお、庄内川が西側で決壊した場合には、非常に深く浸水する可能性が高く、浸水が長時間にわたる可能性が高いという特徴があります。
C1　庄内川が決壊したとき、深く浸水する可能性がある。
C2　新川が決壊した場合、深く浸水する可能性が高い。五条川が決壊した場合、浸水する可能性が高い。庄内川が決壊した場合、非常に深く浸水する可能性がある。
C3　新川が決壊した場合、非常に深く浸水する可能性が高い。五条川が決壊した場合、浸水する可能性が高い。庄内川が決壊した場合、非常に深く浸水する可能性がある。
C4　新川が決壊した場合、非常に深く浸水する可能性が高い。五条川が決壊した場合、深く浸水する可能性が高い。庄内川が決壊した場合、非常に深く浸水する可能性がある。
清須市
全域
内水氾濫（市内に降った雨がたまることで生じる浸水）にも注意しましょう。
清須市洪水ハザードブック 03

実践事例４

岡崎市水害対応ガイドブック

［愛知県岡崎市］

2013年（平成25年）「岡崎市水害対応ガイドブック」を発行。その中で大河川、中小河川、小河川と混在している河川の災害を併記した「気づきマップ」を掲載。

愛知県岡崎市は、県の中央部に位置します。北東部の三河高原と西南部に広がる西三河平野の接点を矢作川が北から南に貫流し、巴山を源流とする乙川が、市域の中心部を東から西に流れて矢作川に合流しています。市域は、高原台地、河岸段丘及び沖積平野からなり、起伏に富み、風光明媚である一方、梅雨期、台風期等には、山崩れ、がけ崩れ、河川の氾濫等の災害を被りやすい要因を備えています。

市では、これまでに幾度となく洪水災害に見舞われてきました。2000年（平成12年）９月の東海豪雨災害では、２日間の総雨量337mm、１時間降水量79mmを記録し、全壊家屋１戸、半壊家屋８戸の被害を受けました。さらに、2008年（平成20年）８月末豪雨では、岡崎市の美合町にある気象庁が観測する雨量計で、１時間雨量が気象庁の８月の観測史上最大を記録する146.5mm、岡崎市が観測する中央総合公園の雨量計では152.5mmに達するなど、短時間の間に非常に激しい雨が局地的に降り、死者２名、家屋全壊６戸、床上浸水1,110戸といった甚大な被害を受けました。

水害のイメージとリンクした浸水特性を地図上に示す

岡崎市での2000年（平成12年）９月の東海豪雨及び2008年（平成20年）８月末豪雨における被害は、いずれも市内に多くの雨が降ったことで発生しています。そのため、災害を経験した多くの住民は、水害に対して内水や中小河川氾濫のイメージを強く持っていることが考えられました。一方、市内には矢作川という国管理の河川があり、この川が氾濫した場合には、内水や中小河川が氾濫したときよりも、より深刻な状況になることが考えられます。そのため、住民の水害のイメージに沿った水害リスクと併せて、住民にとっては、なかなか現実感がわきにくい大河川の氾濫時の水害リスクもわかりやすく表現する必要がありました。そこで、水害が発生する要因となる三つの水害リスク（大河川の氾濫、中小河川の氾濫、内水氾濫）を地図上に概略的に表現するだけでなく、その発生のメカニズム自体をイメージし、理解しやすくなるように、次のような工夫を行いました。

【内水氾濫で歩行が困難となる可能性のある地域】

内水氾濫だけであれば、自宅にとどまれる場合も多く、浸水の中を歩いて避難するほうが危険な場合もあります。そこで、2000年（平成12年）９月の東海豪雨、2008年（平成20年）８月末豪雨での浸水実績に加え、内水氾濫シミュレーションを実施し、浸水の深さや流れの速さから歩行が困難となる可能性がある地域を色づけして表現しました。

【中小河川が氾濫した場合に浸水の可能性のある地域】

岡崎市内に関わる浸水想定区域図は、矢作川、乙川、鹿乗川、矢作古川、広田川の五つについて公表されています。このうち、矢作川を除く四つは、主に岡崎市内に降る雨が集まる河川です。この四つを中小河川として位置づけ、四つの浸水域を合わせて地図に色づけしました。

【矢作川が氾濫した場合に浸水の可能性のある地域】

岡崎市内への雨だけでなく、より上流での雨も多く集まる矢作川の浸水想定区域図の浸水域を地図に色づけしました。

【三つの水害リスクの関係や時間的イメージの概略表記】

内水氾濫、中小河川の氾濫、矢作川の氾濫という三つの水害リスクのイメージを時間軸で表現し、地図面とともに掲載しました。

まず、内水氾濫は地域内に降り出した雨が強くなり、排水ができなくなると発生するため、雨と水害の関係をイラストと時間軸を使って表現しました。

中小河川の氾濫は、内水氾濫の発生するような雨が、地域及び河川の上流で降り続いた際に発生することを示しました。

最後に、矢作川の氾濫は、中小河川の氾濫が発生するような雨が、さらに予想以上に降り続いた場合に発生することが多いため、内水氾濫、中小河川氾濫の発展によって発生することを示しました（**図7**）。

［図７］　時間的イメージの概略表記（「岡崎市水害対応ガイドブック」から）

【三つの水害リスクごとに注意する情報】

内水氾濫、中小河川の氾濫、矢作川の氾濫の三つの異なる水害リスクは、それぞれ注意すべき情報が異なります。そこで、三つの水害リスクごとに、注意すべき情報を整理して掲載しました（**図8**）。

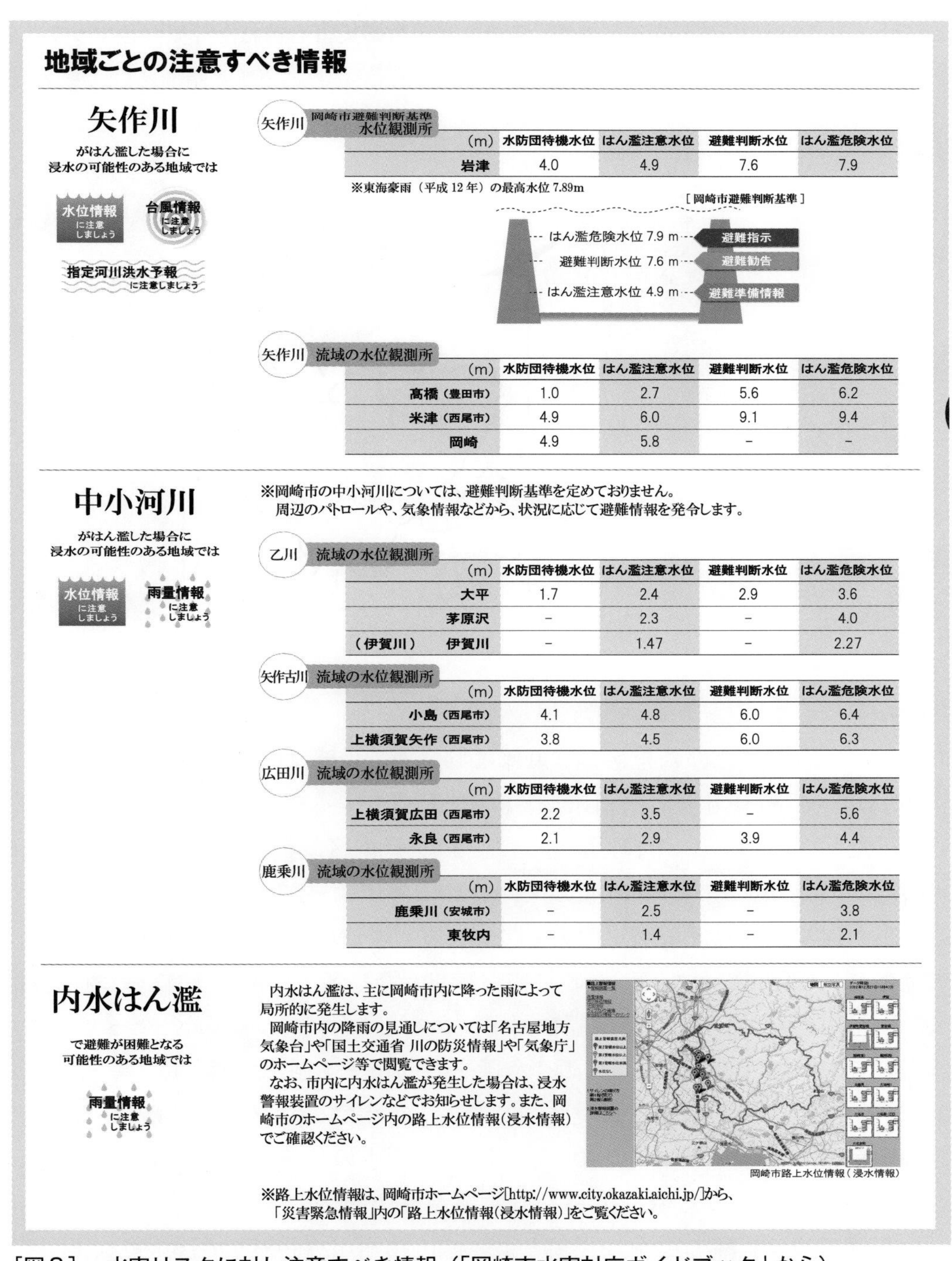

地域ごとの注意すべき情報

矢作川

がはん濫した場合に浸水の可能性のある地域では

水位情報 に注意しましょう
台風情報 に注意しましょう
指定河川洪水予報 に注意しましょう

矢作川　岡崎市避難判断基準 水位観測所

(m)	水防団待機水位	はん濫注意水位	避難判断水位	はん濫危険水位
岩津	4.0	4.9	7.6	7.9

※東海豪雨（平成12年）の最高水位 7.89m

矢作川　流域の水位観測所

(m)	水防団待機水位	はん濫注意水位	避難判断水位	はん濫危険水位
高橋（豊田市）	1.0	2.7	5.6	6.2
米津（西尾市）	4.9	6.0	9.1	9.4
岡崎	4.9	5.8	−	−

中小河川

がはん濫した場合に浸水の可能性のある地域では

水位情報 に注意しましょう
雨量情報 に注意しましょう

※岡崎市の中小河川については、避難判断基準を定めておりません。
周辺のパトロールや、気象情報などから、状況に応じて避難情報を発令します。

乙川　流域の水位観測所

(m)	水防団待機水位	はん濫注意水位	避難判断水位	はん濫危険水位
大平	1.7	2.4	2.9	3.6
茅原沢	−	2.3	−	4.0
（伊賀川）　伊賀川	−	1.47	−	2.27

矢作古川　流域の水位観測所

(m)	水防団待機水位	はん濫注意水位	避難判断水位	はん濫危険水位
小島（西尾市）	4.1	4.8	6.0	6.4
上横須賀矢作（西尾市）	3.8	4.5	6.0	6.3

広田川　流域の水位観測所

(m)	水防団待機水位	はん濫注意水位	避難判断水位	はん濫危険水位
上横須賀広田（西尾市）	2.2	3.5	−	5.6
永良（西尾市）	2.1	2.9	3.9	4.4

鹿乗川　流域の水位観測所

(m)	水防団待機水位	はん濫注意水位	避難判断水位	はん濫危険水位
鹿乗川（安城市）	−	2.5	−	3.8
東牧内	−	1.4	−	2.1

内水はん濫

で避難が困難となる可能性のある地域では

雨量情報 に注意しましょう

内水はん濫は、主に岡崎市内に降った雨によって局所的に発生します。
岡崎市内の降雨の見通しについては「名古屋地方気象台」や「国土交通省 川の防災情報」や「気象庁」のホームページ等で閲覧できます。
なお、市内に内水はん濫が発生した場合は、浸水警報装置のサイレンなどでお知らせします。また、岡崎市のホームページ内の路上水位情報（浸水情報）でご確認ください。

岡崎市路上水位情報（浸水情報）

※路上水位情報は、岡崎市ホームページ[http://www.city.okazaki.aichi.jp/]から、「災害緊急情報」内の「路上水位情報（浸水情報）」をご覧ください。

［図8］　水害リスクに対し注意すべき情報（「岡崎市水害対応ガイドブック」から）

実践事例5

北九州市防災ガイドブック

［福岡県北九州市］

2015年（平成27年）「北九州市防災ガイドブック」を発行。その中で複数の河川及び土砂災害、河川氾濫、内水氾濫、高潮、地震、津波など複数の災害を重ねた「気づきマップ」を掲載

北九州市は、福岡県北部に位置し、東部は周防灘、北部は関門海峡と響灘に面しています。1963年（昭和38年）に門司市、小倉市、戸畑市、八幡市、若松市の五つの市が合併してできた北九州市には、門司区、小倉北区、小倉南区、戸畑区、八幡西区、八幡東区、若松区の七つの区があります。市域の大部分は山地によって占められており、これを源とする中小河川が響灘と周防灘に流入しています。遠賀川や黒川など市内の15河川で浸水が想定され、市全域にわたり、土砂災害（特別）警戒区域があります。平地部分は、小倉北区、小倉南区、八幡西区の沿岸部や河川沿いなどの限られた地域となっています。

北九州市で想定される災害は、大雨や台風を要因とする風水害（洪水災害・土砂災害・高潮災害）と地震（津波災害）があります。特に、市街地の背後には急峻な山が迫り、一般にこう配がきつくなっているため、大雨時には雨水の急速な流下に伴う浸水や、山崩れなどの斜面崩壊といった豪雨災害の危険性が高い地域です。1953年（昭和28年）の北九州大水害では、記録的な雨に見舞われ、特に門司市（現在の門司区）では、市街の背後に連なる山の斜面が次々に山腹崩壊を起こし、土石流となって市街地へなだれ込み、死者143人、被災家屋1万5,910戸という大きな被害をもたらしました。

災害種別ごとに表現の仕方を工夫

北九州市を対象とする「気づきマップ」は、複数の災害（土砂災害・洪水災害・高潮災害・津波災害・地震）を扱うことから、作成される「気づきマップ」が煩雑になってしまうおそれがありました。地域の災害特性を損なうことなく、かつ、概略的に表現するという点が課題としてあり、災害種別ごとの表現方法を工夫する必要がありました。そこで、次のように工夫して表現することとしました。

【土砂災害】

福岡県が指定する土砂災害警戒区域に基づき表現しましたが、土砂災害現象の種別（がけ崩れ、土石流、地すべり）や警戒区域の種別（警戒区域、特別警戒区域）はあえて分類せずに、土砂災害の影響を受けやすい地域として表現しました。

【洪水災害】

北九州市に関わる浸水想定区域図は、各河川管理者（国、県、市）から計15河川について公表されています。これらを包括して表現することで、洪水の影響を受けやすい地域として表現しました。

【高潮災害・津波災害】

高潮災害に関する浸水想定は存在せず、また、津波災害に関する浸水想定は浸水範囲がわずかであることから、それを見た住民に高潮・津波の影響が少ないとの誤解を与えるおそれがありました。このため、高潮・津波の影響を受けやすい地域として、海抜５m以下の地域を着色して表現しました。さらに、高潮については、過去の災害実績があるため、高潮発生箇所をシンボルで示しました。

【地　　震】

地震の揺れは市全域で考えられるため、そのように表現しました。

以上の表現ルールを定め、災害種別ごとに色分けを重ねて一枚の「気づきマップ」としてまとめました。また、北九州市の場合、７区全てを一つのマップとして表現すると、文字の大きさなどがとても小さくなり、内容がわかりにくくなるだけでなく、実用性に欠けてしまいます。また、冊子形式の場合でもページ数が増え過ぎてしまい、見る気持ちを萎えさせてしまう可能性があります。このため、区ごとの「気づきマップ」を作成しました。そして、北九州市全体で共通する情報と、区ごとに内容の異なる「気づきマップ」や避難場所等を掲載したハザードマップ等を合わせて、「北九州市防災ガイドブック」として冊子形式にし、門司区版、小倉北区版といったように、7区ごとにそれぞれ作成しました（**図9・図10**）。

［図9］　北九州市防災ガイドブック（門司区版）の表紙と裏表紙

地域の災害の特徴や想定の概要が一目でわかるように工夫

「気づきマップ」に対応させた目次構成とすることで、閲覧者に関係する災害種別のコンテンツにすぐ飛べるようにした。

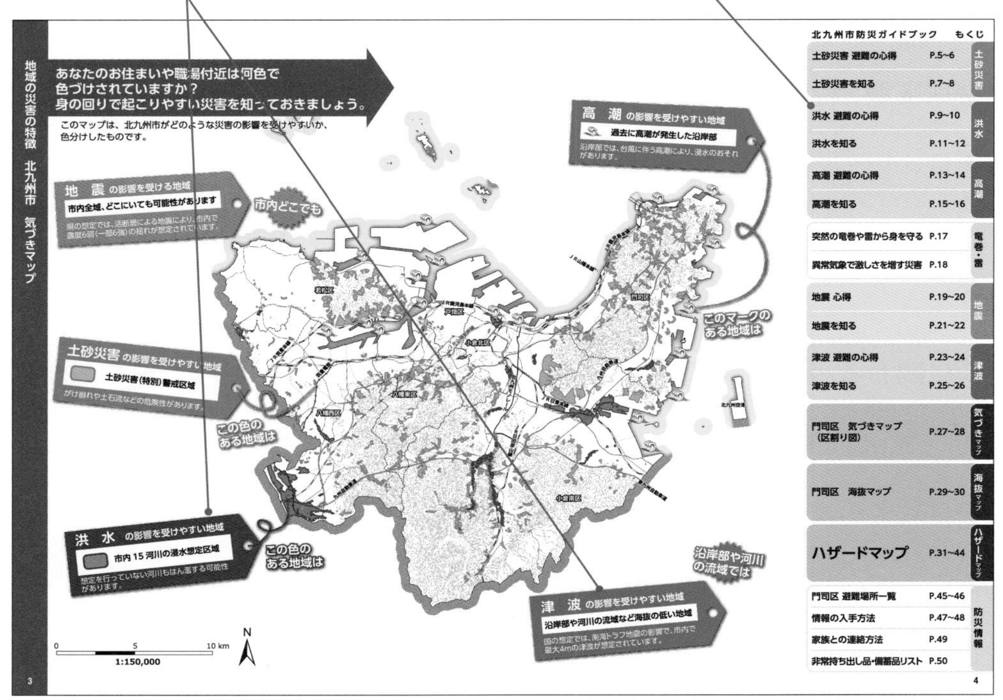

［図10］　北九州市防災ガイドブック（門司区版）に掲載された「気づきマップ」

避難行動の主体性促進に挑戦した行動指南型「逃げどきマップ」

フェーズ２で見てきた「気づきマップ」作成と同じ時期に、私たちはもう一つのマップに挑戦しました。それが「逃げどきマップ」と呼んでいるハザードマップです。

「逃げどきマップ」とは、「気づきマップ」と同様に、住民の親和性をより高めるねらいで名づけた呼び方です。硬い言葉で表せば「行動指南型ハザードマップ」となります。ここでいう「行動」とは、避難行動のことです。

実際のマップについて紹介する前に、概略表記型ハザードマップに挑んでから３年後に起きた災害について触れたいと思います。この災害により、私の中で避難情報や避難行動について大きな疑問が生じました。その疑問が「逃げどきマップ」作成の背景となっています。

避難行動が、かえって危険を生むという現実を突きつけられた災害

2009年（平成21年）８月９日夜、兵庫県佐用町を中心として豪雨災害が発生し、死者・行方不明者26名の被害が出ました。このうち、13名が避難中の犠牲者でした。

佐用町本郷地区では、８月９日19時半から、時間雨量で80mmを超える豪雨が、１時間30分程度降り続きました。2004年（平成16年）の台風23号で被害を受けていた同地区では、18時の段階で自主防災組織の幹部が対応を協議し、20時には、自主防災会の人たちが各戸を回って注意を呼びかけていました。犠牲者の多くが住んでいた町営幕山住宅は、幕山川の近くに位置し、橋を渡って避難しなければなりませんでした。そのため、同住宅の人たちは、大水が出る前に避難場所に向かおうと、川の氾濫を警戒して万全を期しました。しかし、防災意識の高い彼らの行動は、悲しいことに裏目に出てしまったのです。そのとき、幕山住宅は浸水していませんでしたが、幕山川は上流で堤防を越え、彼らの避難路の途中にある用水路に激流となって流れ込んでいま

した。現場を見ると、本当に局所的に水が流れ込むような状況でした。避難路に生じたピンポイントの危険箇所です。そこで４世帯11人が次々と激流に飲み込まれ、犠牲となってしまいました。

［写真１］　平成21年台風９号による豪雨災害での激流発生現場。避難途上の住民が流された。（撮影地：兵庫県佐用町、撮影日：平成21年８月12日）＜撮影：片田敏孝＞

防災意識が高く、命を守るために避難したことが、かえって命を奪われる結果になってしまった現実は、私たちに避難や避難情報のあり方を真っ向から問うています。それまで、避難といえば、一律に、行政などによって決められた避難場所に逃げることだと思われていました。しかし、本当にそれが正しいのだろうかということ、そして、水が出てからの避難が極めて危険であること、適切な避難行動とは何かということを私たちに突きつけた災害だったのです。その後、日本の防災では、避難をどのように考えるようになったのか、次項で見ていきましょう。

「避難」とは、必ずしも「避難場所に行くこと」ではない

自然災害、特に豪雨災害によって人的被害（犠牲者）が発生すると、避難勧告の遅れ、情報伝達の失敗、避難自体の遅れなどが、特にマスメディアを中心としてよく指摘されます。このような指摘の背景には、「豪雨災害による犠牲者軽減のためには、積極的な避難行動が必要である」という考え方が存在すると思われます。気象情報、避難勧告、ハザードマップなどの各種災害情報の整備は、基本的には避難を促すことを大きな目的の一つとしています。そして、「豪雨災害時に避難勧告が出されたら、速やかに避難すべきである」といった考え方は、これまで各種の防災パンフレット、マニュアル的刊行物等に記載され、あたかも浸水しているところを積極的に避難することが推奨されているかのように思われていました。

また、災害時の避難行動に関する研究が数多くされており、そこでは、「避難率はどれくらいか」「どのような人が避難したか(しなかったか)」といった内容が一般的

にまとめられています。これらの背景にも「豪雨災害時には避難することが望ましい」という考え方が根本的にあるように思われます。

災害時の対応行動として、「避難」が一般論として望ましいということは、間違いではありません。本書の「はじめに」で、私自身、「自然災害で命を守り抜くために最も必要なことは、被害に遭う前に避難すること」と述べました。なぜなら、キューバの事例でも紹介したように、避難によって、被害の可能性がある危険な場所にいなければ、被害に遭わないのは当然だからです。しかし、この「避難」という言葉に誤解が生じているように感じます。そこで、「避難」ということについて、改めて整理してみたいと思います。

日本語で「避難」といえば一言ですが、英語では避難を表す単語が三つあります。一つ目は「Evacuation（緊急避難）」であり、場所を問わず自らの身の安全を確保するために行う避難、言わば「命からがら避難」です。二つ目は「Sheltering（退避避難）」であり、行政が指定した避難所などに一時的に退避し、避難生活を送るような、例えて言えば「体育館避難」です。そして三つ目は「Refuge（難民避難）」であり、復旧・復興に時間を要し、仮設住宅などで生活を送る「仮設住宅避難」です。

従来言われてきた「避難」に対しては、災害対策基本法の第60条第２項で示されている、行政が指定する避難所への退避避難をイメージしていた人々が大半であり、避難に対する概念も、水害と地震災害とを分けて考えてはいなかったものと思われます。

しかし、前述した2009年（平成21年）の兵庫県佐用町での水害事例をはじめ、水害での犠牲者の約４分の３が、自宅ではなく避難途中で被害に遭っています。このような状況を踏まえるならば、水害から命を守ることを第一義とした「緊急避難」では、市町村が指定する退避避難のための避難所へ無理に向かわなくとも、自宅を含め、浸水よりも高い位置に待避し、身の安全を確保することが何よりも重要となります。

こうした近年の水害による犠牲者の発生要因に鑑み、中央防災会議での「災害時の避難のあり方に関する専門調査会」等での検討を踏まえ、2013年（平成25年）には災害対策基本法の第60条の一部が改正されました。そこでは、第２項にあった自宅から指定避難所への立退き避難に加え、立退き避難がかえって危険な場合における「屋内での待避等の安全確保措置」が第３項として追加されました。

また、2014年（平成26年）には、「避難勧告等の判断・伝達マニュアル作成ガイドライン（平成29年１月に「避難勧告等に関するガイドライン」に名称変更)」が改訂されました。そこでは、「避難」とは「災害から命を守るための行動であること」と改めて定義されるとともに、従来の避難所への避難だけでなく、家屋内にとどまって安全を確保することも「避難行動」の一つとして位置づけられました。ガイドラインでは、従来の自宅から避難所等への避難を「立退き避難」、高層建物や高さが確保できる屋内への待避を「屋内安全確保」としています。自宅やそのときにいる建物の２階以上に避難するといった、いわゆる「垂直避難」と呼ばれる退避行動も容認されるようになったわけです。

さらに、災害対策基本法の改正によって、従来の避難生活のための「指定避難所」に加え、円滑かつ迅速な立退き避難の確保を図るための施設を「指定緊急避難場所」として災害種別ごとに定めることとなりました。浸水想定区域にあっても、水害から命を守ることに対して一定の機能を果たす施設であれば、避難場所として指定できるような状況が整備されました。

避難情報（避難制度）の限界

避難を促す役割の一端を担っているハザードマップ。そこに掲載される情報から住民自身が読み取って理解すべきことは何でしょうか。地域の災害特性を理解することも重要ではありますが、災害時の人的被害の防止のために、適切な避難行動の内容を理解することが、より重要です。

洪水を事例に見ると、従来の洪水ハザードマップは、それを閲覧することで、住民に対して、洪水発生時の適切な避難行動を十分に促し得るほどの効果を持っているとは言えません。その主たる理由としては、そもそも従来の洪水ハザードマップで住民に求めている避難行動の内容が、実際の洪水発生時においては必ずしも避難行動であるとは限らないという点が挙げられます。これまでに作成・公表が行われている洪水ハザードマップを見ると、浸水が及ぶ地域に対して「自宅外への早めの避難行動」

を住民に求めている場合が多く、また、住民がその避難開始タイミングを判断する材料として、避難指示や避難勧告などの避難情報を位置づけているものがほとんどです。しかし、実際の洪水発生時においては、浸水が及ぶ地域に対して、自宅外への早めの避難行動を一律に呼びかけることは、必ずしも適切ではありません。

例えば、河川堤防沿いの平屋建ての居住者のように「自宅が水没・流失するなどして危険であるため、浸水前の避難が必要な住民」においては、まさしく「自宅外への早めの避難行動」が重要となりますが、堅牢な建物の高層階の居住者などのように「地域の浸水が始まっても自宅が水没・流失する可能性は低く、自宅滞在が可能な住民」においては、「自宅外への早めの避難行動」は一つの選択肢ではあるものの、浸水が退くまで生活できるだけの備えさえあれば、「自宅待機」も選択肢の一つに含まれてもよいでしょう。

なお、避難を躊躇している間に自宅周囲が浸水し、結果的に「自宅待機」の状態になったという事例は、実際には多く見受けられますが、浸水が始まってから浸水の中を自宅外に向けて避難することは、危険を伴うためにできるだけ避けるべきです。

このように、各個人の住居位置や家屋形式などの居住地条件と洪水の進展や規模などの周辺状況に応じて、適切な避難行動の内容は異なります。にもかかわらず、これらの住民に対して何の区別もなく、一律に自宅外への避難行動を要求するこれまでの洪水ハザードマップは、浸水が始まってからの避難といった危険な行動形態を要求することになりかねませんでした。

「自主避難の呼びかけ」という言葉の意味！

近年の災害事例は、住民の避難対応のあり方に多くの問題を投げかけています。例えば、ここ10年来最大の大型台風と言われた2009年（平成21年）10月の台風18号は、秋雨前線と連動して、先行雨量も多いと予想されましたが、早いうちから段階的に情報が出され、豪雨に見舞われた地域でも比較的うまく対応ができました。しかし、このときに気になったのが、ほとんどの自治体が避難指示を出さず、「自主避難の呼びかけ」という言葉を使って対応したことです。この呼びかけは、災害対策基本法に基づかず、何ら法的根拠を持たないものです。

避難指示は、その地域にいる人々に直ちにその場を離れ、避難することを求めるものです。しかし、避難場所までの間の安全を全ての住民に対して確保することはできません。「自主避難の呼びかけ」は、避難を必要とする状況にあることは知らせますが、個々人の置かれた状況に鑑みて最適な行動をとってほしいということです。例えば、自分の家が川の近くか低地なのか、それともがけの近くなのか。あるいは、住宅がコンクリート造か木造か、平屋なのか２階以上か。さらには、家族に避難行動要支援者や小さな子がいるのか。それらの状況に応じて、自らが行動の判断をしてほしいというものです。個人により、その最適な行動が異なるということではありますが、安易に全ての行動を個人の責任に帰してしまったのでは、現状の日本の防災にあっては、被害軽減を達成することは難しいと言わざるを得ません。それを踏まえた上で、今後避難のかたちをどのように再構築していくのか、避難行政のあり方は、今大きな曲がり角に来ています。

コミュニケーションできない場合にも活かせるマップを！

自分や家族の命を守るため、情報をうまく使えるように、住民自らが変わっていくことが何よりも大切ですが、そこで必要とされるのは、住民と行政、あるいは住民同士のコミュニケーションです。ハザードマップの作成も、リスク・コミュニケーションツールとしての機能をより強く意識することが求められます。

フェーズ１で示した概略表記型ハザードマップが、住民と行政とのリスク・コミュニケーションを強く意識して作成したものであることは先に述べたとおりです。しかし、そのような綿密なリスク・コミュニケーションは、あらゆる地域において必ずしも実施可能であるとは限りません。特に、首都圏などの大都市では、地域住民と向き合いながらリスク・コミュニケーションを地道に実施していくことには、多大な労力と時間を要することから、現実的でない場合もあり得ます。住民と行政との密なコミュニケーションの機会が十分にとれない事態は、容易に考えられることです。

そのような地域において作成するハザードマップの形態は、概略表記型マップではなく、リスク・コミュニケーションを必ずしも前提としなくとも、一定の効果をもたらし得るマップであることが求められます。

行動指南型「逃げどきマップ」の提案

以上のことから、災害から命を守るためには、避難が重要であるものの、その行動は一律ではなく、状況に応じた柔軟な避難対応が求められることを共有できたのではないかと思います。

そのような避難対応を促すために、ハザードマップで何ができるのか。的確な情報を届け、いかにして住民が適切に逃げる方向につなげることができるのか。そして、仮にリスク・コミュニケーションを密にとることができなくても、各家庭やそれぞれの人に適した避難を伝えるためにはどうしたらよいのか。こういった点に注力し、住民のみなさんに危険な避難行動をできるだけさせないよう挑戦したのが、行動指南型「逃げどきマップ」です。避難についての住民の主体的な対応行動を促すことを目的に作りました。

このマップの最大の特徴は、地域の浸水情報の掲載のみならず、具体的な住民の行動内容をマップ内で個別に指南していることです。避難途中に被害に遭ってしまうといった自然災害発生時における危険な住民行動を少しでも減らしたいという願いを込めながら検討し、作成しました。

避難行動を指南することへの迷いと垂直避難を提示することの限界

「逃げどきマップ」作りに初めて挑んだのは、2008年（平成20年）のことです。避難途中に被害に遭ってしまう人がいるという現実。避難しない住民のみなさんに避難行動を自分ごととして考えてほしいという強い願い。そのためにハザードマップで何ができるのか、どうすれば住民のみなさんにハザードマップを自分のこととして考えてもらえるのか。そういった考察を重ねて重ねて出来上がったのが「逃げどきマップ」です。しかし、一方で、「避難行動を指南してよいのだろうか」という迷いが私の中にはありました。避難行動を指南することは、言い換えれば、災害を想定すること、住民のみなさんに避難という行動に対する固定観念を植えつけてしまいかねないと懸念したからです。正直なところ本当に迷いました。相手は自然です。時にどういう荒ぶりをするのかわかりません。私自身が「想定を信じるな」と訴えてきたように、例えば２階以上に避難していても、それ以上の災害が起こってしまう可能性だって否めないのです。本来重要なことは、その日その時、命を守るための最善を尽くすことであり、それはその日その時の状況によって異なる場合も当然あります。それなのに、避難行動を指南することは、あたかも災害が決まっているかのような誤解を招きかねないのではないかと迷ったのです。それでも当時、「逃げどきマップ」を作成したのは、避難をしないで被災するのではなく、住民のみなさんに一歩でも二歩でも、いや半歩でも、避難するということを自分のこととして考え、行動してほしいと強く、強く願ったからです。住民のみなさんと災害リスク・コミュニケーションを図る上で、そのときのモアベターであり、そのときできる私なりの最善を尽くしたハザードマップが「逃げどきマップ」でした。

この後具体的な事例を紹介する「逃げどきマップ」では、浸水の深さや居住条件などを考慮した上で、どう避難するのかを示しています。居住地の浸水特性から、浸水前に自宅以外への早期避難をするしか選択肢のない住民には、その旨を示し、自宅待機が可能な住民については、自宅待機という選択肢もあることを示しています。

避難行動については、2009年（平成21年）の兵庫県佐用町での水害事例をきっかけに、2013年（平成25年）には災害対策基本法の第60条の一部が改正され、避難勧告等に関するガイドラインの改定により、「垂直避難」と呼ばれる退避行動も容認されるようになったことは、すでに述べたとおりです。浸水が始まってからの避難が危険であることにも触れました。しかし、2018年（平成30年）、私たちは避難について改めて考え直さなければならない災害に直面しました。同年７月豪雨の災害です。甚大な被害を出した岡山県倉敷市真備町で命を落とした人の多くが水死でした。まさか自分が陸地で、自宅で水死するなんて、誰もそんなことは想像していなかったでしょう。起きてしまった現実にいたたまれない気持ちになります。

この７月豪雨のとき、テレビやラジオなどでは「浸水してからの避難」あるいは「夜間の避難」は非常に危険であることや、そのような場合には無理して避難せず「自宅の２階以上や山やがけの反対側で安全を確保すること」をしきりに呼びかけていました。このとき初めて垂直避難という言葉を知った人もいるかもしれません。もちろん垂直避難は、場合によっては必要な対処方法です。垂直避難によって救われる命も多くあるでしょう。浸水してからの避難行動が悲しい結果になった事例を、私たちは佐用町の被害で知っています。避難途中で被害に遭う事例も多く、浸水してからの、特に夜間の避難は危険であることも事実です。しかし、河川の氾濫の状況、浸水の深さ、家屋の構造などによっては、垂直避難をしたが故に命を失ってしまうこともまた、現実としてあるのです。

垂直避難という言葉は、そしてそのような行動は、私たちにとっては、とても対処しやすい、すんなり受け入れやすい行動だと思います。自宅以外の場所へ避難するよりも心の負担になりにくく、また「避難していない自分」ではなく、２階であっても「避難している自分」というように、自分の行動を正当化できます。厳しい言い方をすれば、これは安直な対応策です。もちろん垂直避難でよい場合もありますが、そうでない場合もある。特に、河川の氾濫が想定された区域や深い浸水の可能性がある区域、家屋倒壊の可能性がある場合など、命や身体に直接影響を及ぼす可能性がある場合、浸水前の自宅以外への避難しか選択肢のない住民のみなさんは、早期避難する必要があるのです。しかし、そのことが認識されないままに、垂直避難を呼びかけられると、垂直避難することを推奨されたかのような誤解を生み、あるいは垂直避難で大丈夫だという安易な判断が働き、早めの避難という選択肢が住民の意識の中から消し去られてしまう危険性があるということを痛切に感じています。そして、平成30年７月豪雨を経験した今、いかようにも荒ぶる自然を前に、避難行動を指南してはいけないという思いに至っているのが正直なところです。

しかしながら、迷いながらも作成に踏み切った「逃げどきマップ」は、その時必要なマップであったと思っています。同時に、作成の過程で私たちが考えたこと、工夫したことは、これからハザードマップを作る際にも、参考になるのではないかと考えています。実際に作成した事例を見ながら、その内容を紹介していきます。

実践事例６

清須市ハザードマップ
［愛知県清須市］

フェーズ２の実践事例３で紹介した清須市ハザードマップ。その中で「気づきマップ」とともに掲載している「逃げどきマップ」は、市内に流れている庄内川、新川、五条川の３河川全てを対象として作成しました。

どのように行動を指南するのか、その条件をまず検討

実際の洪水に直面した住民の避難行動は、居住地の浸水特性に基づき、「自宅が水没・流失するなどして危険であるため、浸水前の避難が必要な住民」と「地域の浸水が始まっても自宅が水没・流失する可能性は低く、自宅待機が可能な住民」とに大別して検討されるべきです。しかし、従来の洪水ハザードマップでは、これらの住民に対して一律に避難のみを促す内容となっており、場合によっては危険な行動形態を増大させかねない点が危惧されるところでした。

これに対して、行動指南型の「逃げどきマップ」は、そもそもの作成目的である「洪水時の人的被害を防ぐ」という観点から、住民に対して避難を指南する際に、危険な行動を峻別しています。

洪水時における危険な行動とは、浸水が始まっているにもかかわらず、浸水の中を避難する行動であり、逆にまだ浸水が発生していない状況では、身体に危険は生じません。したがって、「逃げどきマップ」では、浸水状態では避難と自宅待機のいずれも危険であり、浸水前から自宅以外へ早期避難するしか選択肢がない住民には、その旨を提示し、早期避難率の向上を目指します。一方で、自宅待機が可能な住民については、浸水が始まった状態での避難はかえって危険であることを示した上で、必ずしも避難のみではなく、自宅待機という選択肢もあることを示す必要があります。

行動内容を指南するためには、まず、［**表４**］にあるような住民の居住地条件により、

住民を三つに分類することが必要になります。そのため、住民の居住地の浸水特性として、作成対象地域内の各地点に関して、次の①②③の３点について把握しました。

①浸水時に居住場所が水没するか否か

②浸水時に居住場所が倒壊するか否か

③浸水時に居住場所の湛水時間（浸かった水が引くまでの時間）が長期に及ぶか否か

把握する必要がある①②③をどのように判定するのかを整理すると、次のようになります。

①浸水時に居住場所が水没するか否かの判定

住居位置に浸水が生じた場合、住居内において床面が水没せずに滞在が可能か否か、という点がポイントとなります。判定は「浸水深」「標高」「住居の階数」を基に行います。ここでの判定方法の概略を示したものが［**表５**］です。

なお、１階床面高さ及び２階床面高さに関しては、標準的な建築物を想定することとし、その具体的な数値については建築基準法施行令第21条及び第22条から引用しています。

［表４］　行動指南の概略

		従来型の洪水ハザードマップにおいて住民に求める行動内容	行動指南型洪水ハザードマップにおける行動指南内容		
			非浸水状態での行動	浸水状態での行動	指南の文言
住居の浸水特性	自宅が水没・流失するなどして滞在不可能	早めの避難	○避難 ×自宅待機	×避難 ×自宅待機	【ア　要避難】　自宅が水没・流失するなどして待機不可能となる。浸水前の避難が必要（上記①に該当）
	地域の浸水が始まっても自宅が水没・流失する可能性は低く、自宅待機は可能。ただし、湛水時間は長い。		○避難 △自宅待機（要備え）	×避難 △自宅待機（要備え）	【イ　待機可（要備え）】地域の浸水が始まっても自宅が水没・流失する可能性は低く、自宅待機は可能。ただし、長い湛水時間に備えが必要（上記②に該当）
	地域の浸水が始まっても自宅が水没・流失する可能性は低く、自宅待機は可能。湛水時間は長くない。		○避難 ○自宅待機	×避難 ○自宅待機	【ウ　待機可】　地域の浸水が始まっても自宅が水没・流失する可能性は低く、自宅待機は可能（上記③に該当）

②浸水時に居住場所が倒壊するか否かの判定

これは、住民の居住位置に浸水が生じた場合に、住居が居住不可能となるほどの被害が生じ得るか否かという視点です。判定は、「浸水深」「流速」「標高」「家屋構造（木造／鉄筋・鉄骨・コンクリート造）」に基づき行います。

［**表６**］に示すように、U（流速）の二乗にH（浸水深）を掛けることで算出される流体力の値が1.5以上となる場合には、家屋倒壊可能性が高く、居住不可能な状態となる危険性が高いと判断します。ここでの判定は木造家屋が想定されており、鉄筋・鉄骨・コンクリート造の家屋の場合には適用しないものとします。

なお、これらの基準は、佐藤ほか「洪水氾濫の数値計算および家屋被害について」（第33回水理講演会論文集、1989）によるものです。

③浸水時に居住場所の湛水時間が長期に及ぶか否かの判定

これは、住民の居住位置に生じた浸水が長時間に及ぶか否かという視点です。ここでは、１階床上以上の浸水が24時間以上に及ぶか否かを判断基準としました。

行動指南内容の掲載方法の工夫

「①浸水時に居住場所が水没するか否か」「②浸水時に居住場所が倒壊するか否か」「③浸水時に居住場所の湛水時間が長期に及ぶか否か」の各条件のうち、①と②の判

［表５］　浸水想定時における居住場所の水没危険性の判定

		住居の形状	
		１階建	２階建以上
住居位置の予想最大浸水深	２階床上浸水（浸水深2.75m以上）	水没危険高い	水没危険高い
	１階床上浸水（浸水深0.45m以上）	水没危険高い	−
	１階床下浸水（浸水深0.45m未満）	−	−

［表６］　浸水想定時における居住場所の倒壊危険性の判定

		住居の形状	
		木造	鉄筋・鉄骨・コンクリート造
住居位置の予想最大流体力	$U^2 \cdot H \geqq 1.5$（倒壊）	倒壊危険高い	−
	$U^2 \cdot H < 1.5$（非倒壊）	−	−

定内容は、住居構造（木造か鉄筋・鉄骨・コンクリート造か、何階建てかなど）によって異なります。このため、［**表４**］に示した「ア　要避難」、「イ　待機可（要備え）」、「ウ　待機可」の３種類の行動指南は、［**表７**］のように住居構造の違いに対応させて提示する必要があります。

行動指南型「逃げどきマップ」では、［**表７**］のパターン１～10の内容を色の分布によって地図上に示します。それを読み取った住民が、自身の住居構造に照らし合わせることによって、具体的な行動指南内容（ア～ウ）にたどり着くような工夫をしています。このうち、木造か、鉄筋か、何階建てかといった住居構造に関しては、住民にとっては固定の条件であるため、その判断は難しくありません。しかし、［**表７**］の１～10パターンのどれに当たるのかを地図から判読することに関しては、やや煩雑であり、誤判読の可能性も否めません。そこで、より判断しやすいように、マップを「木造」用と「鉄筋・鉄骨・コンクリート造」用とに分けて記載しました。また、行動指南のわかりやすさを高め、住民が自ら避難行動を考えるきっかけになるよう、自分で順を追って見ていけば、わが家の避難行動にたどり着く「逃げどきマップの判定フロー」を木造用、鉄筋・鉄骨・コンクリート造用それぞれに作成し、掲載しました。

［表７］　居住地の浸水特性と行動指南内容の一覧

パターン	居住場所の浸水状況	居住場所の倒壊可能性	居住場所の湛水時間	木造		鉄筋・鉄骨・コンクリート造		
				１階建	２階建以上	１階建	２～３階建	４階建以上
1	２階床上浸水	倒壊可能性：大	24hr以上	ア	ア	ア	ア	イ
2			24hr未満	ア	ア	ア	ア	ウ
3		倒壊可能性：小	24hr以上	ア	ア	ア	ア	イ
4			24hr未満	ア	ア	ア	ア	ウ
5	１階床上浸水	倒壊可能性：大	24hr以上	ア	ア	ア	イ	イ
6			24hr未満	ア	ア	ア	ウ	ウ
7		倒壊可能性：小	24hr以上	ア	イ	ア	イ	イ
8			24hr未満	ア	ウ	ア	ウ	ウ
9	１階床下浸水	倒壊可能性：大		ア	ア	ウ	ウ	ウ
10		倒壊可能性：小		ウ	ウ	ウ	ウ	ウ

「逃げどきマップ」の使い方

清須市の「逃げどきマップ」の読み取りから、避難行動の判定までの流れを示すと、次のようになります。

①マップは両面になっています。判定したい建物の構造（木造又は鉄骨・鉄筋コンクリート造）に応じたマップ面を参照します。

②次に、自宅や職場など、調べたい場所がマップ上で何色になっているのかを確認し、判定フローを参照します。

③判定フローでは「スタート」から順に見ていきます。まず、自分が知りたい建物が何階建てなのかを選び（集合住宅の場合は居住階）、該当する矢印に沿って進みます。②で既に確認しているマップ上で示された色の矢印に沿っていくと、行動指針にたどり着きます。

④たどり着いた行動指針は、周辺の浸水状

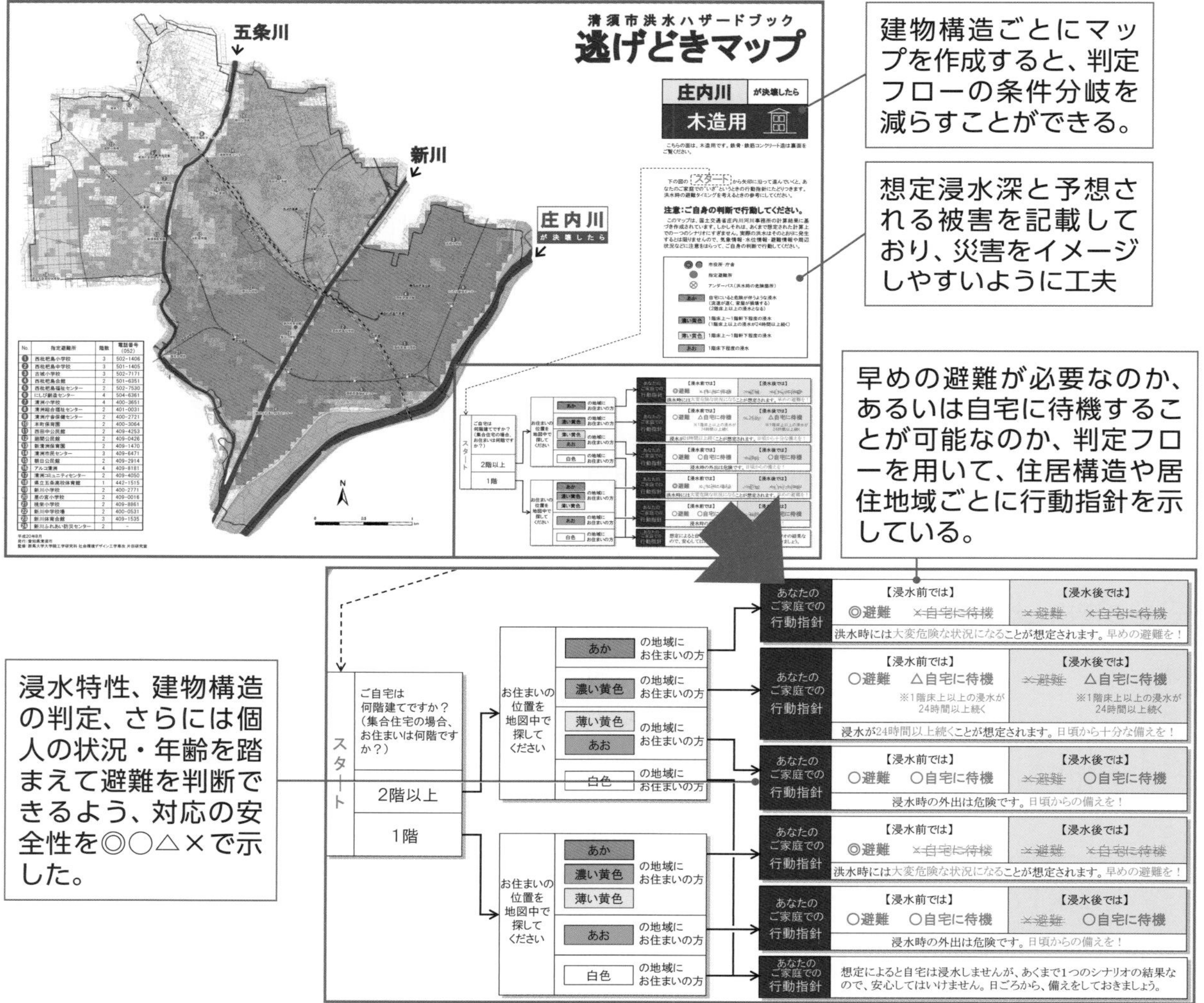

［図11］　庄内川の逃げどきマップ（木造用）と判定フロー

況により、浸水前と浸水後で示しています。望ましい対応行動には◎や○、浸水が長期間続くといった条件付きですが対応可能な場合には△を示しています。

［図11］と［図12］は、実際に作成した木造用と鉄骨・鉄筋コンクリート造用それぞれの「逃げどきマップ」です。

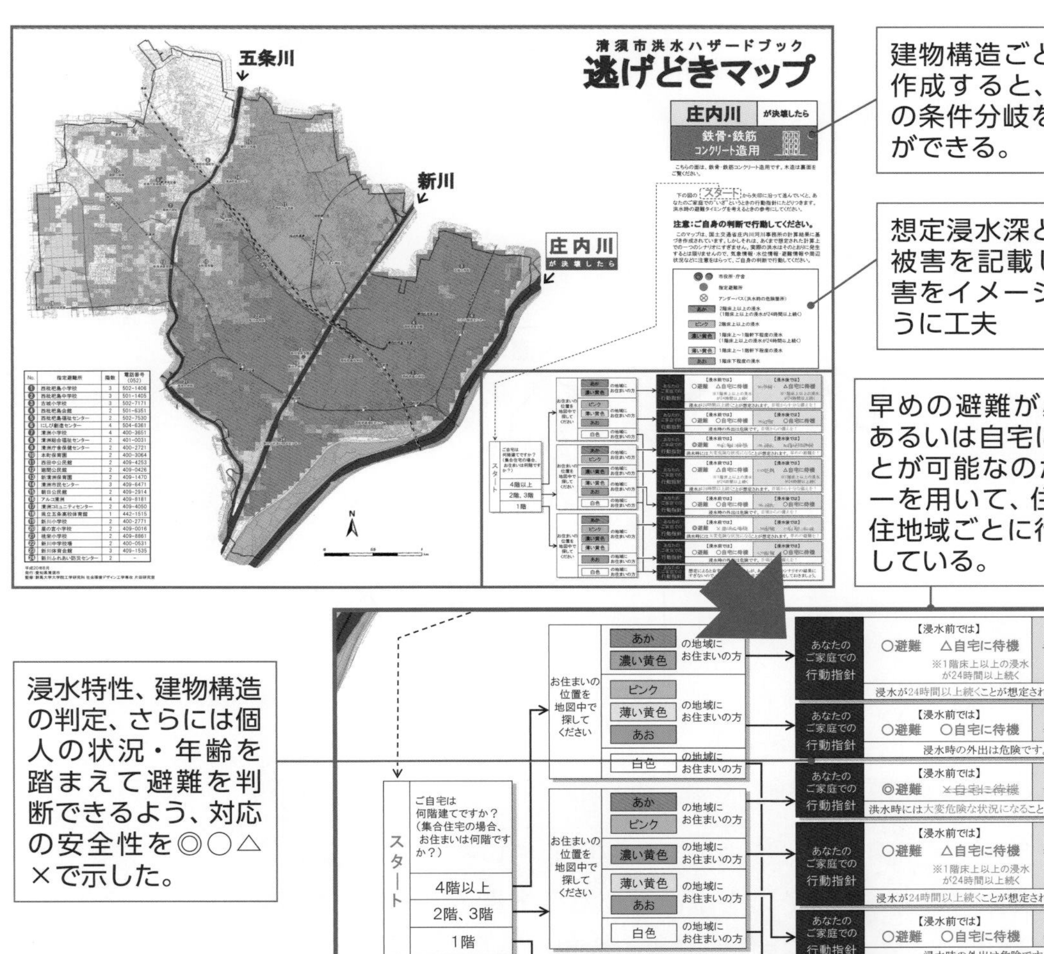

［図12］　庄内川の逃げどきマップ（鉄骨・鉄筋コンクリート造用）と判定フロー

実践事例７

三条市豪雨災害対応ガイドブック

［新潟県三条市］

2011年（平成23年）発行。４種類のマップ（「気づきマップ」、「逃げどきマップ」、浸水想定区域図、土砂災害危険箇所図）及び避難を助ける情報、自宅外避難の心得、自宅滞在の心得、土砂災害からの避難等について、冊子形式でまとめた。

新潟県三条市は、新潟県のほぼ中央部に位置しています。東部には山岳地帯の緑豊かな森林が福島県境まで伸び、そこを水源とする五十嵐川が市域を横断。北西部には信濃川が流れ、平野部はこの2大河川が形成する沖積平野が広がっています。また、西部には刈谷田川が流れ、信濃川へと注いでいます。

三条市は、これまでに幾度となく洪水災害に見舞われ、多くの水害記録が残されています。特に、2004年（平成16年）７月13日の新潟豪雨災害では、新潟県中越地区を中心とした地域を集中豪雨が襲い、五十嵐川や刈谷田川などが決壊して市街地が浸水するとともに、各地でがけ崩れが発生しました。三条市においては、死者９名、重傷者１名を出し、住宅等の被害は１万935棟に上りました。

市内に多くの河川が流れる三条市において、「逃げどきマップ」を作成する対象とした河川は、浸水想定区域が指定されるような河川氾濫時の影響が大きい信濃川・五十嵐川・刈谷田川を対象としました。

行動指南内容の掲載方法の工夫

三条市の「逃げどきマップ」でも、清須市と同じように、［**表８**］で示すように居住地の浸水特性に基づき、住民の避難行動を分けて整理しました。その上で、住居構造の違いを踏まえて「要避難」「待機可（要備え）」「待機可」の３種類の行動指南に導くような仕組みにしました。また、［**図13**］にある浸水条件を地図上に色分けで示し、それを読み取った住民が、自分の住宅等の構造に照らし合わせることによって、具体的な行動指南にたどり着くようにしています。より簡単に行動指南にたどり着くことができるように、清須市と同様に、「逃げどきマップ」判定フローも掲載しました。

また、三条市では、ガイドブックという冊子形式で構成していますが、この場合、マップの縮尺を一定量保持するには地図の分割が必要となり、結果的にマップ面が多くなる傾向があります。そのため、判定フローはマップ面には載せず、冊子の折り

［表８］　洪水時の適切な避難行動（行動指南内容）

		従来型の洪水ハザードマップで住民に求める行動内容	行動指南型洪水ハザードマップにおける行動指南内容		
			非浸水状態	浸水状態	指南内容
居住地特性（浸水特性）	自宅が水没・流失するなどして滞在不可能。	一律に早めの避難	○避難 ×自宅待機	×避難 ×自宅待機	①要避難
	地域の浸水が始まっても自宅が水没・流失する可能性は低く、自宅待機は可能。ただし湛水時間は長い。		○避難 △自宅待機（要備え）	×避難 △自宅待機（要備え）	②待機可（要備え）
	地域の浸水が始まっても自宅が水没・流失する可能性は低く、自宅待機は可能。湛水時間は長くない。		○避難 ○自宅待機	×避難 ○自宅待機	③待機可

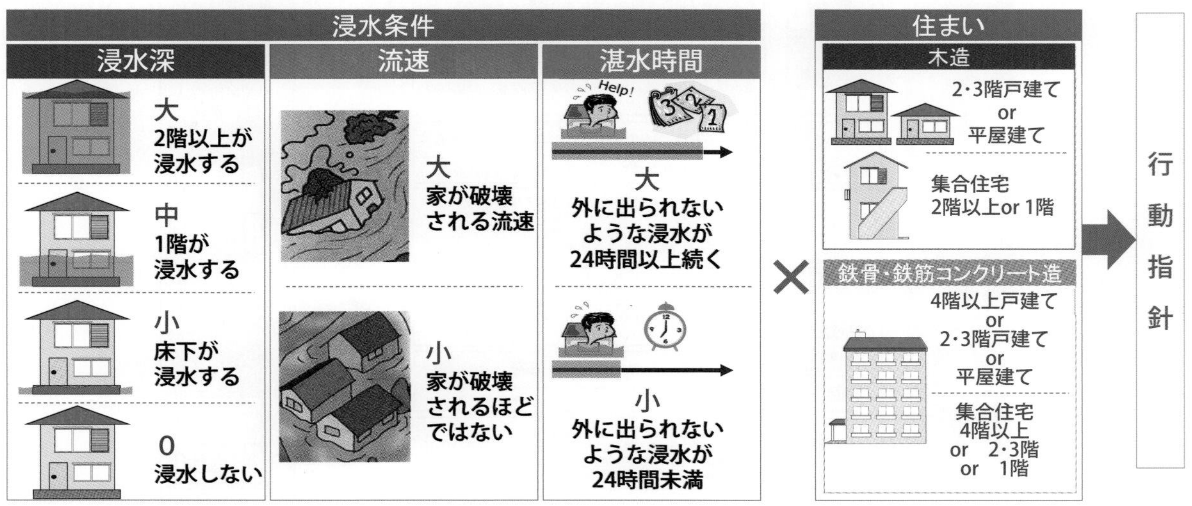

［図13］　行動指針を導く条件

込みページの形態を採用しました。それにより、複数の「逃げどきマップ」に対して、一つの判定フローが共有できることが工夫点として挙げられます。

［図14］　三条市ガイドブック表紙

浸水特性、住居構造の判定、さらには個人の状況・年齢を踏まえて避難を判断できるよう、対応の安全性を◎○△×で示した。

早めの避難が必要なのか、あるいは自宅に滞在することが可能なのか、判定フローを用いて、住居構造や居住地域ごとに行動指針を示している。
※折り込みページとしており、冊子の外に広げることで各ページから参照できる。

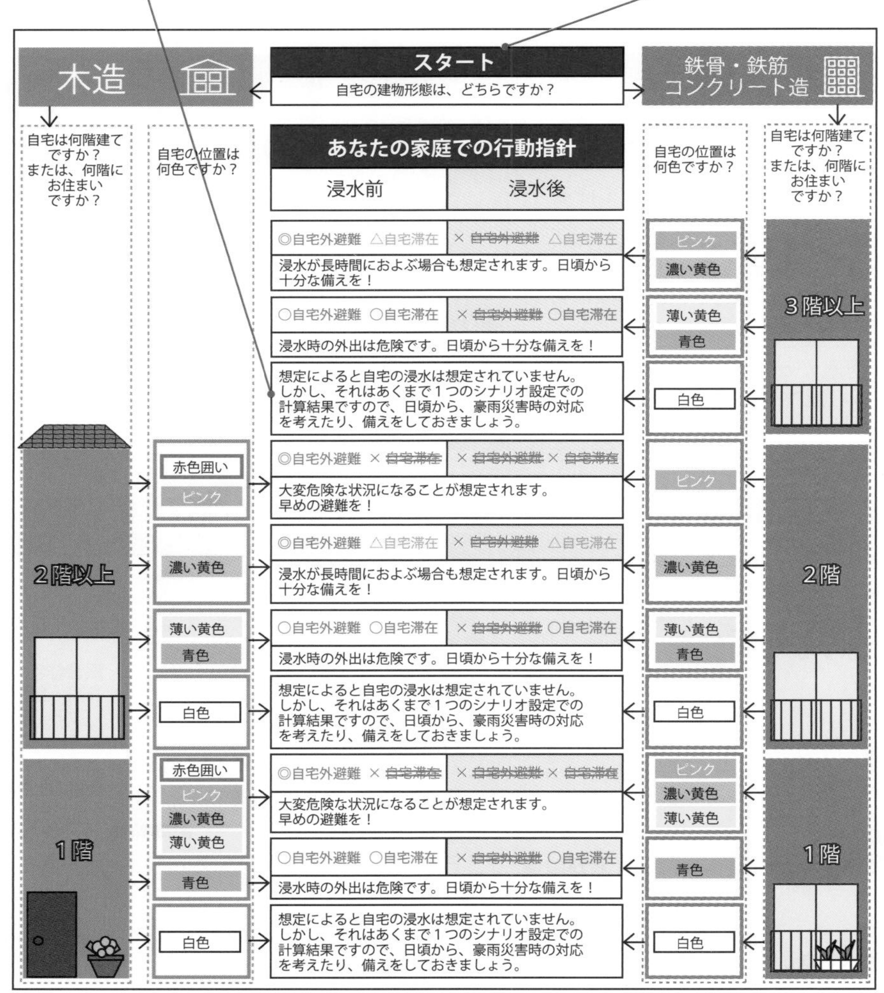

［図15］　逃げどきマップの判定フロー

想定浸水深と予想される被害を記載しており、災害をイメージしやすいように工夫

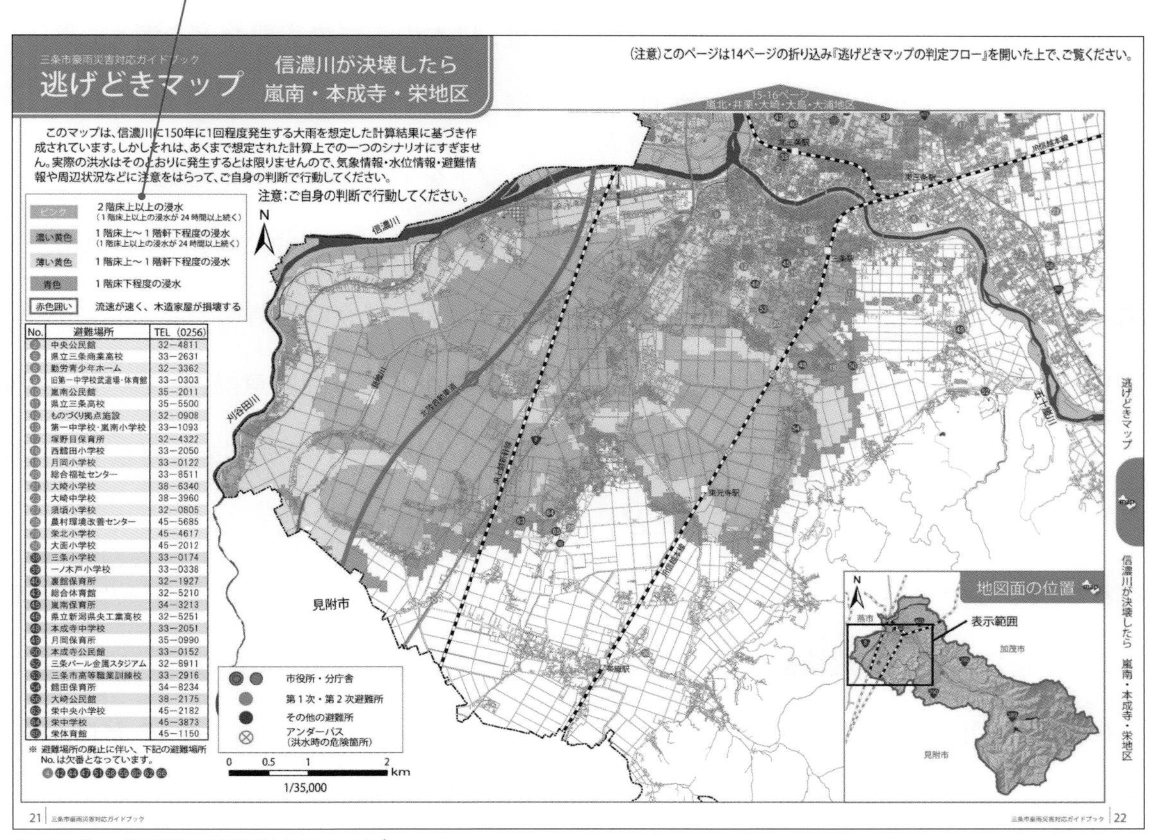

［図16］　信濃川の逃げどきマップ

主体性と指南との葛藤

事例で紹介したように、行動指南型「逃げどきマップ」は、氾濫シミュレーションから得られる浸水深、流速及び湛水時間の各種データから判断される地域の氾濫特性を地図上に示しています。そこから住民が自宅の位置とそこに示される色に対応する判例を読み取り、木造か否かといった自宅の家屋構造や居住階層から判断される居住条件とを照合した結果、洪水時において避難すべきなのか、自宅待機が可能なのかといった行動指針を自ら判断できるよう工夫しています。住民がマップの記載事項を確認することで、避難の必要性の有無とその根拠を理解できるようになっています。

このマップは、住民に、浸水リスクとその回避の必要性に関して説得力を持って理解してもらうことができるのが特徴です。さらには、洪水災害時の行動指南力も大き

いものと思われ、住民の自助力向上と災害による人的被害の軽減に大きな効果をもたらすものと期待できます。

一方で、ハザードマップの課題であり、私自身、「ハザードマップを信じるな」とあえて発言してきた背景にある懸念が残ります。それは、ハザードマップに示される災害リスク情報は、あるシナリオに基づく一つの解析結果にすぎず、将来生じ得る洪水氾濫等が、マップに示された範囲にとどまるとは限らないということです。この点において、精密に解析した結果に基づき作成される行動指南型「逃げどきマップ」は、住民の災害イメージの固定化を誘発したり、マップの作成者である行政への依存意識を高めることが危惧されます。

私は、これからの日本の防災は、住民の主体性をいかに育むかということが重要だと考えていますし、「国土強靭化」ならぬ国民強靭化を訴えてもいます。自然災害で命を落とさないためには、それがとても必要なことだからです。同じような思いで、人的被害の軽減を目的に作成している行動指南型「逃げどきマップ」ですが、正直なところ、本当は指南なんてしたくないのです。「逃げどきマップ」を作ることで、かえって住民の防災に対する行政依存を高めてしまうのではないか。ハザードマップの課題、日本の避難の実態などを考え、葛藤し、悩みました。それでもあえて「逃げどきマップ」を開発したのは、避難について、少しでも住民に主体的に考えてもらいたいという思い、どういう情報であれば住民は動けるのかという問題意識、そして、「避難しない」「ハザードマップを活用していない」という現実をなんとかしないといけないという使命感のような心情があったからです。

実際のマップには、「実際の洪水は、マップに示したとおりに発生するとは限らない」といったマップを否定するような文章を掲載しています。これは、行動指南と言いながら、災害イメージの固定化を少しでも回避したいという私の葛藤の現れなのかもしれません。ただ、住民が自分でマップ上の情報検索をしながら探っていく形を開発できたことは、情報の取得態度や避難行動の主体性を引き出したいという思いを反映できた結果だろうとも感じています。

「主体性を引き出す」ということについては、フェーズ１の「概略表記型ハザードマップ」やフェーズ２の「気づきマップ」でも挑戦しています。それらと「逃げどきマップ」の違いは、「逃げどきマップ」が、情報取得のみならず、避難行動の主体性を引き出すことにも挑戦しているということです。特に避難行動の主体性を強く意識し、避難を一律に伝えることから脱して、垂直避難も容認して表現したこと、洪水や内水氾濫において、水が出る前と出た後の避難行動が異なることを示したことは、とても大きな特徴であり、それまでのハザードマップにはない画期的なことと言えるかもしれません。

これからの避難に避けられない視点。広域避難とL2想定に挑戦したハザードマップ

フェーズ３までは、災害情報取得や避難行動に対する住民の主体性を引き出すこと、そして、「ある想定に基づく」というハザードマップの特性や表現に関する問題の解決に挑戦してきました。

フェーズ４では、それらに加えて、「一つの自治体だけでは解決できない広域避難」や「巨大地震津波想定」という、避難やハザードマップ作りだけに収まらない、地域防災のあり方そのものを問われているような現実に挑むフェーズといえます。

「広域避難」と「L2想定」という二つのことについて考え、その事例を紹介します。

自治体における指定避難所確保の限界

1994年（平成６年）、河川洪水を対象に始まったハザードマップの作成に、大きく影響を与えているのは水防法です。水防法は、自然災害を反映して何度も改正されていることは、すでに述べたとおりです。

2000年（平成12年）の東海豪雨災害や2004年（平成16年）の新潟豪雨災害で、避難をはじめとする防災におけるソフト対策の重要性が指摘されました。それを踏まえ、2005年（平成17年）、水防法の一部が改正されました。このとき、国や都道府県が公表する浸水想定区域ごとに、洪水予報の伝達方法、避難施設その他の避難場所や避難経路等の必要事項を地域防災計画に定め、そこで定めた避難誘導方法や公表された浸水リスク情報を、ハザードマップ等を用いて住民に周知することが市町村に義務付けられました。

この水防法の改正を受けて、洪水ハザードマップの作成が全国各地で進みました。その中で、大きな問題に直面したのが、海抜ゼロメートル地帯を含む広範な低平地を持つ都市部や、河川の合流点付近などの市町村です。第Ⅰ部第６章④Cで示したような、河川の氾濫時に自治体の全域が大規模に浸水するとの想定結果が提示されたのです。避難所までもが浸水するために、安全な避難所が十分に確保できないなど、水害時に想定される極めて深刻な浸水被害を前に、氾濫解析の想定結果を避難計画に反映できないといった事態が生じました。

本来ならば、ハザードマップには、水防法に規定されるとおり、円滑かつ迅速な避難の確保を図るため、その必要事項として避難先を提示する必要があります。しかし、それが前記の理由により提示できない市町村が少なからず存在しています。こうした甚大な浸水被害が想定される地域では、避難所をどう確保するのか、また、その情報提示をどうすべきかが問題となったのです。

災害対策基本法第60条においては、市町村長の権限として、第１項では住民への避難のための立退きの勧告や指示について、第２項では避難のための立退き先の指示について、それぞれ規定されています。すなわち、市町村は、住民を災害から守るべく、避難のタイミングのみならず、避難先も指示することとなっています。

自治体の枠を越えた
広域避難の必要性

屋内安全確保を含む緊急避難によって、水害時の氾濫による直接的な被害を免れることはできます。しかし、浸水が広範で深刻な被害を受ける可能性がある地域では、水が浸かっている時間、すなわち湛水期間が長期にわたり、外出困難な状況が続くことで、健康被害などによる二次被害によって犠牲者が発生することが懸念されます。

したがって、水害時において確実に身の安全を確保するためには、水害発生前の段階で、浸水域外の安全な場所へ避難することが最も有効な手段と言えます。ところが、地形的条件によって、水害時にほぼ全域が浸水し、避難施設も浸水して避難者の収容可能量に限界が生じるような自治体が少なからず存在するのです。そうした地域において、安全な避難場所を確保するためには、市町村の枠を越えた広域避難が必要となります。

従前の災害対策基本法の枠組みでは、住民の避難誘導は市町村が主導で実施し、市町村では対応できない事態において、都道府県が代行することとなっていました。このような状況から、市町村の枠を越えた広域避難については、これまで十分に検討されてこなかったのが実情です。

2015年（平成27年）９月の関東・東北

豪雨において、鬼怒川決壊により甚大な被害を受けた常総市では、決壊した鬼怒川左岸地域の住民を対岸の右岸地域へ避難誘導し、自らの市域内で住民避難を完結しようとしました。比較的被害が軽微であった、同市に隣接するつくば市やつくばみらい市への避難誘導は念頭になかったのです。氾濫している鬼怒川を渡らせる避難誘導に対して、違和感を覚える住民も少なからず存在していたと言われています。ここに、これまでの防災行政において原則としてきた“自治体防災”の弊害を見ることができます。

社会の都合で、いわば勝手に線を引いた市町村界と、河川の氾濫などの災害現象が影響を与える範囲は、必ずしも一致しません。今後、気候変動に伴い、集中豪雨の頻発化や猛烈な台風の襲来が予測される中、また、そうした状況に鑑みて公表される想定最大規模の浸水想定区域図（L2洪水）を踏まえた避難対策を講じなければなりません。市町村の枠を越えた広域避難体制を構築することが喫緊の課題となっているのです。

次ページから、荒川下流域にある埼玉県戸田市の事例を紹介します。

実践事例8

戸田市ハザードマップ

［埼玉県戸田市］

2014年（平成26年）公表。2006年（平成18年）に公表したハザードマップ作成時から、戸田市の浸水や避難場所の状況について住民に発信。住民ワークショップを開催して広域避難などについて伝えてきた。そのような取組を前提として、平成26年に改めてハザードマップを公表した。

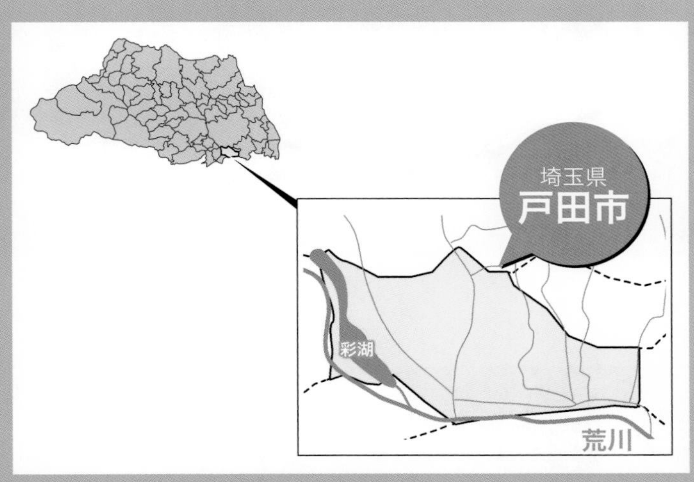

埼玉県戸田市は、市の南部に荒川があり、その堤防が決壊した場合には、市全域が1m以上の浸水、場所によっては４m以上も浸水すると想定されています。このような状況において、戸田市内の多くの指定避難所も浸水することが想定され、３階以上の高層部しか利用できないところや、浸水が深く全く利用できないところも存在しています。

戸田市では、荒川の氾濫時にはそれほど深刻な浸水状況になること、市の指定避難所も十分に確保できない状況であることを率直に住民に提示することにしました。このため、浸水想定区域図のほか、戸田市の指定避難所で想定される浸水深及び利用の可否と、大宮台地のある北部周辺地域への早期避難を促す表記だけの洪水ハザードマップを2006年（平成18年）４月に公表しました（**図17**）。

この戸田市の洪水ハザードマップは、地域に生じ得る事態を住民に認識してもらうための行政から住民へのファーストメッセージと位置づけ、リスク・コミュニケーションを実施していく上での契機にするものとして提案したものです。

この取組に参加した私のチームでは、洪水ハザードマップを介した住民とのリスク・コミュニケーションを行い、荒川が破堤した場合に起こり得る事態、行政だけでは解決が困難な避難計画に係る課題などについて、住民のみなさんの認識の共有化を目指しました。同時に、人的被害を最小限にとどめるための一つの方策として、公共施設のみならず、民間の高層マンションなどを避難場所として利用することも視野に入れた避難計画について、住民主導型で決定していく取組（住民ワークショップ）を実施しました。

住民ワークショップの取組は、フェーズ５で紹介することにし、そのような取組を経て作成し、2014年（平成26年）に改めて公表したハザードマップについて紹介します。

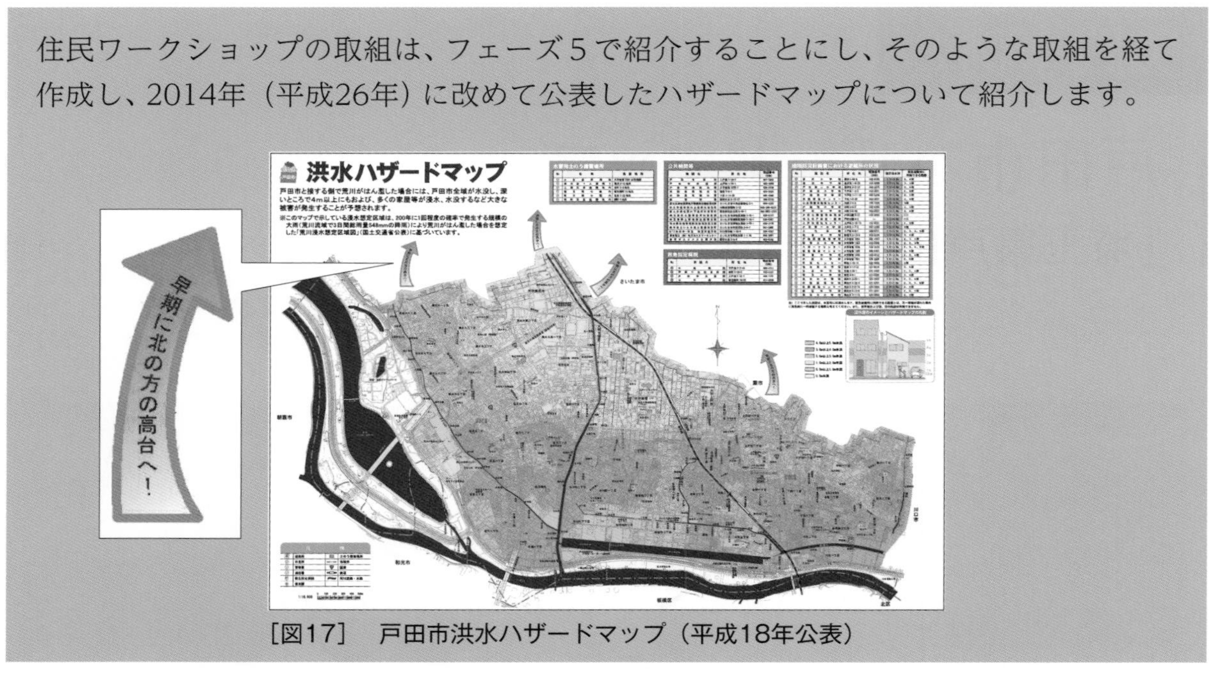

［図17］　戸田市洪水ハザードマップ（平成18年公表）

広域避難場所の確保とハザードマップへの反映

埼玉県戸田市では、全域が浸水するおそれがあり、市内で十分な避難所を確保できないこと、早めの広域避難を推奨していることに鑑み、隣接するさいたま市との協議を行って、浸水が想定されない大宮台地にある指定避難所を、戸田市民も利用できるよう覚書を取り交わしました。

このような広域避難に関わる協定を踏まえ、2014年（平成26年）に改めて公表した「戸田市ハザードブック」では、**［図18］**のように市内の指定緊急避難場所に加え、覚書により利用可能なさいたま市の避難所が提示された特徴的なマップとなっています。

今後の気候変動による集中豪雨の頻発化や、猛烈な台風の襲来の可能性を踏まえるならば、特に洪水や高潮などによる大規模水害で甚大な被害を受け得る大河川の下流部などは、市町村の枠にとらわれない広域避難とその実施体制の構築が重要となります。そのような状況を念頭に置き、さらに、私のチームでは、荒川下流部の江東５区や木曽三川下流部を対象とした高潮・洪水災害による大規模水害を想定し、避難シミュレーションを活用した広域避難体制の確立に向けた取組を実施しているところです。本件については、また機会を改めて紹介したいと思います。

	No.	名称	住所	電話 (048)
浦和区	1	高砂小学校	浦和区岸町 4-1-29	829-2737
	2	岸町小学校	浦和区岸町 5-20-4	861-4320
南区	3	谷田小学校	南区太田窪 5-10-6	882-2980
	4	南浦和小学校	南区白幡 1-1-20	861-3781
	5	浦和別所小学校	南区別所 2-5-34	862-2775
	6	大谷場小学校	南区南浦和 1-18-3	882-2555
	7	大谷口小学校	南区広ヶ谷戸 24	887-2731
	8	善前小学校	南区太田窪 2500-1	882-7871
	9	向小学校	南区大谷口 5437	874-1150
	10	岸中学校	南区南本町 2-25-27	822-4022
	11	白幡中学校	南区白幡 2-18-13	861-3203
	12	大谷口中学校	南区広ヶ谷戸 21	887-1000

※上記の避難所は、洪水時でも浸水しません。
※「災害時の相互応援に関する覚書」により、戸田市民でも利用が可能です。

［図18］　戸田市ハザードマップ（平成30年公表）

津波からの避難は時間との勝負

次に、これまで本書で触れていない津波について述べたいと思います。津波に関しては、2011年（平成23年）に起きた東日本大震災での津波被害の衝撃的な映像が脳裏から離れない方も多いのではないでしょうか。この震災は、日本の防災に大きなインパクトを与えました。津波をはじめとするその後の災害想定等がこれ以降大きく変化し、ハザードマップ作りにも大きな影響を及ぼしました。そのことについて述べる前に、まずは、津波からの避難について考えてみます。

洪水災害は、上流などで降った雨が堤防等からあふれるものであり、堤防から流れる水の量は川幅いっぱいの水であって限定的です。加えて、洪水災害時の氾濫流の勢いは、堤防近傍では強くなるものの、堤防から距離がある場合には、勢いは低減します。氾濫の勢いが弱まった状態であれば、浸水深が浅いところは比較的生命にかかわる状況にはなりません。

一方、津波の場合は、洪水災害と異なり、波が発生した時点から収まるまでの間、海から無尽蔵に水が供給されます。また、津波は長周期の波であるため、その襲来ははるか沖合まで盛り上がった海面が陸地になだれ込む現象であり、少なくとも津波の高さと同じ標高までは容赦なく激しい流れに襲われます。

また、洪水災害時には、大きな河川であれば流域に大雨が降ってから氾濫の危険が高まるタイミングまでを予測することができるため、避難を開始するタイミングの多くは、避難勧告等の情報をきっかけとする場合が多くなります。これに対して、津波の多くは、地震に伴って発生します。そのため、1960年（昭和35年）のチリ津波のような遠地津波を除けば地震の揺れが避難を判断する情報となります。

このような特徴により、津波からの避難は、地震の揺れ等を感じてから避難を決意し、いかに早く安全な場所へ避難するかが重要となります。

津波ハザードマップの概要と普及

津波ハザードマップは、一般的に浸水想定区域図に加え、指定避難所や避難先となり得る高台等が示されたものであり、場合によっては避難経路等も示されています。

しかし、その多くは想定される津波の浸水深と自治体の指定避難施設のみを地図上で示したものであり、公表されている津波ハザードマップの多くは、指定避難施設のみが示される場合が多く、その他の避難先になり得る高台等の記述は限定的です。

また、その避難場所は、該当箇所の標高や建物階数等にかかわらず、一様に示されているため、どの避難場所も同様の安全が確保されているかのような誤解を招く可能性も考えられます。

何度も述べてきたように、ハザードマップは一つの想定にすぎません。それでも、津波ハザードマップにより、想定津波高や防波堤、防潮堤、海岸堤防や護岸等の効果を考慮し、浸水予想区域や施設の危険度を事前に点検して、どの程度の津波が発生すれば、地域のどのエリアが危険かを示すことは、津波避難の重要な拠り所となります。津波や津波避難について、住民と行政が共有し、自分の避難行動をイメージしてもらうために、そして住民の避難行動を後押しするために、とても重要です。

国の中央防災会議による「地震防災戦略」では、2005年（平成17年）に、今後５年間で津波防災対策が必要な全ての市町村において津波ハザードマップが作成されることを具体的目標に掲げていました。ハザードマップ作成やハザードマップ等による地域の危険情報の周知が市町村の義務であることは、水防法や津波防災地域づくりに関する法律等で示されています。「国土交通省白書2018」によれば、津波ハザードマップは、2018年（平成30年）度末時点で、対象となる670市町村のうち、約92％に当たる617市町村で公表されています。

国では、内閣府、農林水産省、国土交通省が連携して、津波ハザードマップの作成支援のためのマニュアルを作り、関係市町村に配付するなど、その普及促進を図っています。

津波ハザードマップの問題

第Ｉ部で指摘したとおり、ハザードマップに記されている危険箇所は、行政が想定したあるシナリオに基づいて計算された災害の影響範囲が示されているにすぎず、実際に災害が発生する際の被害範囲を確定するものではありません。このような前提条件がハザードマップの利用者となる地域住民に対して十分に説明されないことによって、第Ｉ部第６章で述べた課題と同様に、津波ハザードマップにおいても、そこに示されている状況を実際に起こり得る災害の最大値のように誤認してしまう問題が生じます。また、自宅が危険地域から外れている場合には、安全を保証されたかのごとく誤認し、災害時の自発的な避難を妨げる要因となる危険性を持っています。あるいは、過去に災害の経験を有していたり、災害に関する伝承を聞いていたりすることによって、それが逆に、今後発生する災害の挙動や被害を過去の災害の範囲内だけで起こるかのように想定してしまうという問題もあります。これらの問題は、不完全な知識によって将来に発生する災害のイメージを固定化してしまうことが要因として考えられます。

津波災害からの避難については、津波発生からの時間との勝負であり、その襲来の前に、津波よりも高い標高の場所に避難することが重要です。しかし津波ハザードマップに示される襲来時の最大津波高や沖合への到達時間は、想定された地震に基づいてシミュレーションされた値であり、実際に地域を襲う津波とは大きく異なることが一般的です。また、津波は海底や海岸の地形の影響を大きく受ける複雑な現象であるため、ハザードマップに示される津波高は、参考程度にとどめ、実際に津波の危険がある場合は、でき得る限り早く高い所に避難することが重要です。

東日本大震災以降、津波ハザードマップを利用した防災教育が各地で推進されるようになりましたが、イメージの固定化を打破する効果的な防災教育や、津波ハザードマップを用いた住民とのリスク・コミュニケーションを進めることでこのような理解を広めることが求められます。

インド洋スマトラ島地震

2004年（平成16年）12月26日にインドネシアのスマトラ島沖で発生した巨大地震による津波は、インド洋沿岸の多くの地域に対して甚大な被害をもたらし、約23万人にも及ぶ死者・行方不明者を出す今世紀最大の津波災害となりました。このような大規模な人的被害が発生した原因として、津波発生の早期探知や地域住民への警報の伝達を行う体制が整備されていなかったことが挙げられました。また、異常に引いた潮を海岸で呆然と眺めている人々の映像も多く公開され、地震の後の引き潮が津波を予兆するものであるという、わが国ではよく知られる知識さえも持っていなかったことが明らかとなりました。

このような問題に対して、日本では、過去の被災経験から津波に対する早期警戒システムや防潮堤等の防災施設の整備が進んでおり、住民も津波災害に関する一般的な知識を有していると言えるでしょう。しかし、津波防災に対して先進的な取組が行われているわが国であったとしても、津波発生時の住民の行動いかんによっては、インド洋沿岸での津波災害と同じような被害が発生する可能性を否定することはできません。

津波を対象とした防災対策では、防潮堤

等の防災施設、的確な防災情報の収集や住民への伝達体制の整備に加え、災害に対する正しい知識を持ち、有事に的確な行動を取ることができる住民を育てることが非常に重要となります。

巨大災害想定による混乱

東日本大震災が日本の防災に大きなインパクトを与えたことは前述しました。このことについて、みなさんと共有したいと思います。

東日本大震災以前と以後に分かれると言ってもよいほど、この震災をきっかけに、日本の防災は大きく変わりました。東日本大震災が発生した2011年（平成23年）４月、国の中央防災会議に「東北地方太平洋沖地震を教訓とした地震・津波対策に関する専門調査会」が設置され、その年の９月に「東北地方太平洋沖地震を教訓とした地震・津波対策に関する専門調査会報告」が出されました。余談ですが、気象庁がつけたこの地震の正式名称は、「平成23年（2011年）東北地方太平洋沖地震」です。「東日本大震災」とは、政府が名づけた、この地震による災害の呼び方です。

中央防災会議の報告書中、「今回の災害と想定との食い違いへの反省」という項目に次のような一文があります。

「今回、従前の想定をはるかに超えて甚大な被害が発生したことを重く受け止め、これまでの想定の考え方を根本的に改め、地震・津波の想定から個々の対策までの手順全体について徹底的に見直しを行い、防災対策全体を再構築していく必要がある」

同報告では、これから必要な想定として、二つのレベルの津波想定が示されました。

一つは、「住民避難を柱とした総合的防災対策を構築する上で想定する津波」であり、「発生頻度は極めて低いものの、発生すれば甚大な被害をもたらす最大クラスの津波」つまり、東北地方太平洋沖地震による津波に相当する想定です。これがいわゆるL2想定と呼ばれるもので、発生頻度は極めて低いというのは、1,000年に１度あるかないかという頻度という意味を持っています。

もう一つは、「防波堤など構造物によって津波の内陸への浸入を防ぐ海岸保全施設等の建設を行う上で想定する津波」であり、「最大クラスの津波に比べて発生頻度は高く、津波高は低いものの大きな被害をもたらす津波」です。これは、東日本大震災以前に対象とされてきた計画規模やL1と呼ばれるもので、100年に１度あるかないかという想定です。

2011年（平成23年）の8月、内閣府に「南海トラフの巨大地震モデル検討会」が設置され、翌年に、南海トラフに関する新想定（L2）が公表されました。この新想定では、例えば高知県黒潮町では最大34.4mの津波が予想されるなど、多くの地域に衝撃を与えました。

津波だけではなく、2015年（平成27年）に改正された水防法により、洪水（外水氾濫）、内水氾濫及び高潮においても、想定し得る最大規模の降雨、高潮による浸水区域や浸水深が公表されることとなり、ハザードマップに反映することが求められるようになりました。

このフェーズで紹介した事例８の戸田市のように、L1想定の段階で、避難場所を確保できずに広域避難が必要とされ、戸惑う地域もある中で、想定し得る最大規模（L2想定）の災害をハザードマップに反映することが求められたことで、市町村の現場は一層混乱したのではないでしょうか。

このL2想定に関する私の見解を述べる前に、南海トラフの巨大地震津波想定の反映に挑戦したハザードマップについて紹介します。

実践事例９

新宮市津波ハザードマップ

［和歌山県新宮市］

2014年（平成26年）に初版作成。「浸水域マップ」「浸水深マップ」「到達時間マップ」等を掲載

和歌山県新宮市は、和歌山県と三重県及び奈良県の県境が隣接する紀伊半島の南部地域にあり、一級河川である熊野川の下流・中流域に位置しています。

南側には雄大な太平洋が広がり、熊野灘を望んでいる同市は、年間を通じて温暖な気候ですが、全国有数の多雨地帯でもあり、日本に襲来する台風の通過コースとなり、台風による暴風雨や高潮の影響を受けやすい立地です。2011年（平成23年）には台風12号が、和歌山県、奈良県、三重県の３県域を中心とする紀伊半島南部に記録的豪雨をもたらし、河川の氾濫による浸水、土砂災害等で多くの命や財産を奪い去りました。また、昭和の南海・東南海地震等で被害を受け、南海トラフで発生する海溝型の大地震による津波の被害が予測されています。

ここで紹介するのは、和歌山県が公表した南海トラフの巨大地震津波の想定に対応した津波ハザードマップとして、和歌山県新宮市を対象に作成したものです。

想定理解のためのハザードマップ

新宮市津波ハザードマップで最も伝えるべきこととして設定したのは、これまでの想定と新しい想定をどのように捉えればよいかについてです。

ハザードマップである以上、対象地域の地図を用いて、津波襲来時にどのような状況になるのかについて、計算結果を基に掲載しました。しかし、そこで示す浸水域や浸水深の色分けを住民に伝えることが主目的ではなく、まずは、想定はどのようなものかを説明するとともに、その上でどのように理解すればよいのかを伝えることとしました。

想定について理解するためには、これまでの想定（L1想定）とはそもそもどのようなものだったのかを示した上で、新たに公表された新想定（L2想定）はどのようなものなのかを示すことが必要です。

津波ハザードマップとして示される情報は、地域のリスク情報ですが、新想定の公表により、地域の津波に対するリスクが変化したわけではありません。変化したのは、想定した津波の規模です。そこで、従来の３連動と新想定の、想定の異なる津波の浸水域を重ね合わせた浸水域マップを掲載し、地震の規模の違いにより発生する津波がどれほど異なるのかを示しました。

また、ここで示した浸水想定ですら一つの計算結果にすぎないこと、つまりは次にどのような津波が襲来するかわからないことを明記しました。

さらに、新想定である南海トラフの巨大地震については、マグニチュード９クラスの11パターンのうち、最も影響の大きいものであることを掲載しました。そして、同じ規模であっても、地震が発生する位置の違いによって、襲来する津波の規模に影響があることを示しています（図20）。

［図19］　新宮市津波ハザードマップ

このような工夫により、ハザードマップとして、災害イメージの固定化を避けるとともに、想定に対する理解を促進する効果を期待しました。

［図20］　南海トラフ巨大地震における新たな想定震源域

L2想定が出てきた意味

［図21］の新宮市津波ハザードマップをはじめ、本書で紹介している事例の多くで、私は、「このマップに示したものは一つのシナリオにすぎず、これより大きくなるかもしれないし、小さくなるかもしれない」といった言葉を掲載しています。その意図するところは、災害イメージの固定化を崩すことです。

想定し得る最大規模というL2想定が出てきたのは、言うまでもなく東日本大震災という、それまでのL1想定を超える災害が起こったからです。当時、マスコミ報道等において、「想定外」という言葉を頻繁に見聞きしました。しかし、私は思うのです。それ以前のL1想定で、行政と住民は、どのようなリスク・コミュニケーションをしてきたのだろうか、と。100年に１度あるかないかの計画規模と呼ばれるL1想定でハザードマップを作り、それを固定値として防災対策が進められていた東日本大震災以前。そのように固定値化すること自体が、そもそも間違いなのではないかと、私自身は歯向かってきました。だから、「ハザードマップは信じるな」です。

そうであっても、地域の災害リスク情報を共有するために、ハザードマップは重要なツールであることは間違いなく、その自分自身の葛藤の中で、問題意識を持って工夫し、ハザードマップを作ってきたことは、既に述べたとおりです。「このマップは一つのシナリオにすぎない」といった文章を掲載することは、その葛藤の現れなのかもしれません。

そして、L2想定です。この想定により、

まちの中心部が全て10mも浸かる地域も出てきました。まち中どこまでもどこまでも浸水し、避難なんてできないだろうという地域も出てきました。高知県黒潮町では、前述したとおり、最大で34.4mの津波です。国は、L2の想定をハザードマップで示すように求めますが、市町村では「そんな想定でハザードマップは作れない」という混乱があちこちで起こりました。

そのような状況を鑑みて、本書の中でも数度紹介している「水害ハザードマップ作成の手引き」が2016年（平成28年）に公表されました。この手引きでは、L2想定が防災対応として非現実的な市町村については、従来のL1想定での周知を認めています。

ただし、その場合であっても、L2の浸水想定をハザードマップに掲載することが法律で決まっているため、そのような事態もあり得ることを明記するとともに、防災計画への反映が求められています。

私自身としては、ハザードマップは、地域の防災力を高めるためのものであり、L1想定であれ、L2想定であれ、それがまちの防災力を高めることに寄与することが重要だと考えています。マップは、そのために作るわけですから、もしもL2想定だけを全面に出すことで、例えば避難すること自体を放棄させるような、防災力を育む上でマイナス要素になるのであれば、それは本末転倒ではないかと思っています。事例として紹介した和歌山県新宮市の津波ハザードマップの作成にも、そのような思いが根底にありました。

一方で、L2想定が出てきたことの意味を、私たちは考える必要があるように思っています。L2想定のように、仮に1,000年規模の災害想定への対応策を講じたとしても、その後、2,000年や3,000年に１度の想定を提示すれば、それが新たな防災上の対応目標になってしまう可能性があります。このような巨大想定に対する社会的な対応を見るとき、日本の災害リスク・コミュニケーションの未成熟さが露呈しているように感じます。災害対応のために想定される災害規模とは無関係に、時に自然が想像を絶する大きな振る舞いも起こし得ることに対し、社会や個人はいかに向き合うべきか。そのようなリスク受容や社会的覚悟を含む議論が全くなされていないことが問題なのではないでしょうか。

1,000年に１度の津波や浸水は、防災の現実的な意味合いから言うと、無理が生ずることも考えられます。相手は自然ですから、時にそういうこともあるのです。想定として決めつけてしまうことは、自然に対する人間の驕りとさえ思えます。完璧に備えていても、それを超えることがあるかもしれません。L1の場合は、それに備えるという、備えきれることを考えて目指すべきです。しかし、L2の場合は、備えきれないことがあるという理解も含め、それであっても地域防災をどうするのかという、L1を前提としたときよりもさらに高度なリスク・コミュニケーションが求められているのではないかと感じています。L2が出てきたことは、「不可能なこともあるかもしれないが、それでも全力でできることを行っていく」という、自然に真摯に向き合うリスク・コミュニケーションを私たちに問いかけている、そんな大きな意味を持っているのではないでしょうか。

表示したものは一つの計算結果にすぎないことを強調

この計算結果は1つのシナリオに過ぎません

つぎに襲来する津波は、このマップに示した大きさの津波とは限りません。これより大きくなるかもしれませんし、小さくなるかもしれません。
想定にとらわれず、まず避難することを検討してください。

約 100 年周期で発生する、頻度が高く、まず対策が必要な津波
「東海・東南海・南海3連動地震」による津波の浸水想定　マグニチュード 8.7　最大津波高 7m　到達時間 11分（第1波最大）
マップの□で示される浸水域

発生頻度は極めて低いが、仮に発生すれば、被害が甚大な津波
「南海トラフの巨大地震」による津波の浸水想定　マグニチュード 9.1　最大津波高 14m（到達時間28分）　到達時間 5分（津波高3m）
マップの□で示される浸水域

二つの想定の計算条件、発生確率の違い及び計算結果を数字や言葉で簡潔に説明

二つの想定に基づく浸水想定区域をそれぞれ掲載

［図21］　浸水域マップ

新しい想定である「南海トラフの巨大地震」についても、11パターンのうちの最も影響が大きいものであることを強調し、規模だけでなく、発生する場所によっても襲来する津波は大きく異なることを説明

避難できない人間の性を打ち破りたい!! 住民が作成に参画する、主体的な行動マップへの挑戦

フェーズ４までは、行政によるハザードマップ作りへの挑戦について述べました。フェーズ５では、少し視点を変えた挑戦を紹介します。

第Ｉ部で防災に関する行政依存や住民の主体性について指摘しました。事例として紹介したアメリカやキューバの防災に関して、それらに学ぶべき重要なことの一つに、住民や地域の主体性があります。これは、日本の防災にとって、これからますます重要になってきます。

日本では、自然災害を「わがこと」として考えられない状況が根強く残っています。しかし、豪雨災害の激甚化、地震や火山噴火、巨大地震想定の公表などの影響により、住民の中に自然災害への危機意識が高まっていることも事実です。その中で、住民自身が自らわがまちの防災について考えるワークショップや、そこで作られる手作りハザードマップなども登場しています。

地域の防災に取り組んでいる私のチームでは、住民が主体となって行うことができる防災対策を、地域住民のみなさんと一緒に検討し、その実行を促すことを目的とした実践的な取組を全国の複数地域で実施しています。このフェーズでは、住民のみなさん自らが参画したハザードマップ作りなどへの挑戦について紹介します。

実践事例10

桐生市土砂災害緊急避難地図

［群馬県桐生市］

2014年（平成26年）作成。「水害・土砂災害緊急避難地区」「いざというときの自主避難ルール」など住民懇談会で検討したことを反映して掲載

群馬県の南東部に位置する桐生市は、がけや沢が集落に近接する典型的な中山間地域を抱えています。その中でも、事例として紹介する川内町五丁目第二町会は、土砂災害（特別）警戒区域が多数存在し、がけ崩れ、土石流の危険性が高いとされる区域が多くの集落と重なっており、土砂災害発生時には、住民の適切な避難対応が求められる地域です。

そもそも人間は、なかなか一人では避難を決断できない

ところで、災害の現場で避難対応をせずに被害に遭った住民に対し、「なぜ避難しなかったのか」と尋ねると、「避難しようと思った」という言葉が聞かれることがよくあります。そこには、「避難しなければならないことは十二分に承知していたが、避難を決断するまでには至らなかった」という言葉を垣間見ることができます。ただ、結果として「避難していない」という事実に変わりはありません。

　このような状況が起こるのは、人間には「正常化の偏見」という心理が働くためであることは第５章で述べました。例えば、「これまで大雨や津波が襲来して避難勧告が発令されたときでも、自分は一度も被害に遭ったことがないから、今回も大丈夫だろう」「お隣のお宅も避難していない」と考えることにより、「今は避難しなければならないときではない」と思い込み、心の平静を保とうとする。このような心理状態が蔓延すれば、地域全体で逃げ遅れてしまう可能性があります。

　災害避難においては、このような“人間の性”を打ち破り、いかに迅速かつ的確に避難を判断し、具体的な行動につなげることができるかが重要となります。どのようにしてこの“人間の性”を打ち破るのか、ハザードマップ作りという手段を通して、挑戦したのが、桐生市での事例です。

災害予兆現象を活用した自主避難ルールを住民自らが検討

　この事例に限らず、例えば、自分の住む場所が土砂災害警戒区域だと行政から提示されても、それを受け入れることができなかったり、行政への対策を求めることに終始したりするケースは多いものです。そのような状況においても、住民のみなさん自身が自然災害を「わがこと」と感じ、主体的に避難行動を考えていくように促すリスク・コミュニケーションを行うことが、結果的に住民のみなさんの命を救うことへとつながりますので、これを諦めるわけにはいきません。その方法として、桐生市では、住民懇談会等を設け、そこでの対話によって、地区独自の避難ルールを盛り込んだハザードマップ作りを積み重ねてきました。

　どのようなことを大切にしながら住民懇談会を行い、ハザードマップを作っていったのかを三つのポイントに分けて紹介します。

①地域住民の決めごととして自主避難基準を設定し、他人に避難判断を委ねない主体的な避難対応を実現

　土砂災害の予測情報は、その発生メカニズムの複雑さや、発生要因である局所的な豪雨の予測精度の不確かさなどにより、十分なものとは言えないのが実情です。そのため、「まだ大丈夫だろう」と考えて、行政からの情報を待っていては、逃げ遅れてしまうおそれがあります。

一方で、多くの土砂災害危険地域には、過去の被災経験によって言い伝えられた「地域固有の予兆現象」や、地域に住む住民だからこそわかる「大雨が降ったときに見られる現象」などが存在することが多いものです。そこでまず、これらの情報を「自主避難基準」として設定しました。この基準を基に、避難開始のタイミングを話し合って明確にし、洪水・土砂災害緊急避難地図に示しました。

②避難場所は、「早期避難時の避難場所」と「緊急一時避難場所」を検討

地域の中で、今後災害の発生が危惧される状況ではあるものの、まだ避難場所への移動に危険が伴わない場合には、「遠くでもよいので、安全な場所」を検討し、原則的な避難場所としました。土砂災害の危険が想定されていない地域や堅牢な建物などが、これに該当します。

一方、避難の開始が遅れたり、急激な事態の進展により、避難を開始しようとした際に、既にいつ災害が発生してもおかしくない状況になってしまった場合には、「自宅周辺で少しでも安全な場所」が、この状況下で最も安全な避難すべき場所と位置づけられます。

そこで、公共の建物だけでなく、民間の建物や近所の住民宅、場合によっては自宅にとどまることも選択肢の一つとして、命の危険を最小限にすることができる緊急的な一時避難場所として「比較的安全と思われる場所」を住民自身が検討し、洪水・土砂災害緊急避難地図に示しました。

③地域として整合ある対応を取ることができるよう、住民間の情報共有体制を検討

地域住民一人ひとりが地域の異変を察知する“センサー”となり、把握した情報や地域としての自主避難対応に関する情報を共有するための報告・連絡体制を検討し、洪水・土砂災害警戒避難地図に示しました。

桐生市では、このように住民自身が検討した内容を含めて、町会ごとに「自主避難計画」と題したハザードマップとしてまとめました。

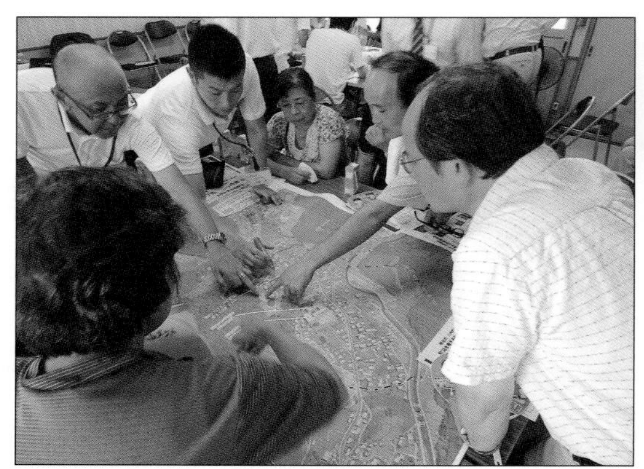

［写真２］　住民懇談会の様子

住民懇談会では、土砂災害（特別）警戒区域の分布状況を確認しながら、自主避難基準となり得る「地域固有の予兆現象」や「大雨が降ったときに見られる予兆現象」を設定したほか、その際に命の危険を最小限にする観点で（緊急）避難場所を検討しました。

［図22］　ハザードマップの表紙

- 目を引く奇抜な色合い
- ハザードマップに掲載されている内容の大項目を明示
- 住民懇談会の写真を掲載し、住民自身の検討成果として取りまとめられたハザードマップであることを強調
- Ａ４判冊子の形式／全8ページ

いざというときの自主避難ルール

川内町五丁目第二町会は、**がけ崩れや土石流といった土砂災害の危険性が高い地域**です。また、山田川沿いの低い土地や山田川へ流れ込む沢や川の近くでは、**道路が冠水したり、住宅が浸水したりする危険性**も考えられます。

このような洪水・土砂災害から身を守るためには、平穏な今のうちから、住民一人ひとりが**いざというときに取るべき対応をしっかりと理解しておく**ことが大切です。

町会では、洪水・土砂災害の発生に備え、自主避難ルールを作成しました。いざというときは、この**自主避難ルールにしたがって行動**してください。

原則

台風の襲来が予想される場合など、安全に移動できる段階で避難が必要と判断した場合

- **川内公民館**　TEL:65-8868
- **川内北小学校跡**
- **川内体育館**（旧川内北小学校体育館）
- **その他の桐生市の指定避難所**

または

親戚、友人宅など市内に限らずより安全な場所

へ早めに避難しましょう。

※指定避難所の開設は、台風等の状況により市が判断します。避難する前に、**市役所安全安心課（TEL:46-1111（内線415））**へお問い合わせください。

遠くまで避難することが危険な状況のとき

突然の豪雨が発生するなど、指定避難所や上記の安全な場所への避難が困難な場合

自宅や近隣のお宅の上層階に待避することも含め、周辺の状況に応じて、各自で**自宅周辺の比較的安全な場所へ避難**することが必要です。

町会で定めた以下のルールにしたがって行動して下さい。

1　警戒の開始　　報告体制・連絡体制は次ページに記載

（1）雨が降り出したら、**住民**はワンカップ等で雨量計測を開始する。

（2）以下の状況（報告する雨量の目安）になったら、報告体制にしたがい報告する。

報告する雨量の目安

ワンカップを使用した場合の目安

時間雨量　**20mm に達した場合**・・・ワンカップに**1時間で2cm**の水がたまった場合

連続雨量　**100mm に達した場合**・・・ワンカップから**水があふれた**場合

（3）**町会長**は、その旨を川内町五丁目第二町会全域に周知するため、連絡体制にしたがい連絡し、自主避難の準備をはじめるよう、呼びかける。

（4）**住民**は、周辺の様子に注意するとともに、いつでも避難することができるように準備する。

2　自主避難の開始　　報告体制・連絡体制は本ページ下段に記載

（1）**住民**は、「**いつもと違う（洪水・土砂災害につながると思われる）状況**※」を確認したら、すぐに報告体制にしたがい報告する。

※緊急避難地図の［　］や、裏表紙に示す予兆現象など

（2）**町会長**は、集まってきた情報が以下の**自主避難基準**に達したら、自主避難を開始する旨を連絡体制にしたがい連絡する。

自主避難基準

①：「いつもと違う（洪水・土砂災害につながると思われる）状況※**」を3つ以上確認した場合**

※緊急避難地図の［　］や、裏表紙に示す予兆現象など。特に、［　］で示す現象をよく確認する。

②：桐生市役所が避難勧告もしくは避難指示を発表した場合

（3）**住民**は、少しでも安全なところへ避難する。
緊急避難地図を見て、自宅周辺の比較的安全な建物（［　］）に避難する。
すでに道路が冠水しているなど、移動に危険が伴う場合は、
自宅を含めて、がけや沢から少しでも離れた最寄の建物の２階以上へ避難する。

※道路が冠水している中での屋外避難は危険を伴うため、浸水を避け、なるべく移動距離を短くすることを考える。

報告体制

住民 → 町会役員 → 町会長

※町会長へ直接報告も可

連絡体制

町会長 → 町会役員 → 組長 → 住民

※報告体制・連絡体制ともに、町会長が不在のときには、副町会長がその任務を代行する

- 地区独自で設定した土砂災害の警戒基準と自主避難ルールを明示し、住民一人ひとりがとるべき対応を明確化
- 住民間の情報共有を円滑にするため、報告・連絡体制を検討し、その流れを明示

［図23］　自主避難ルール

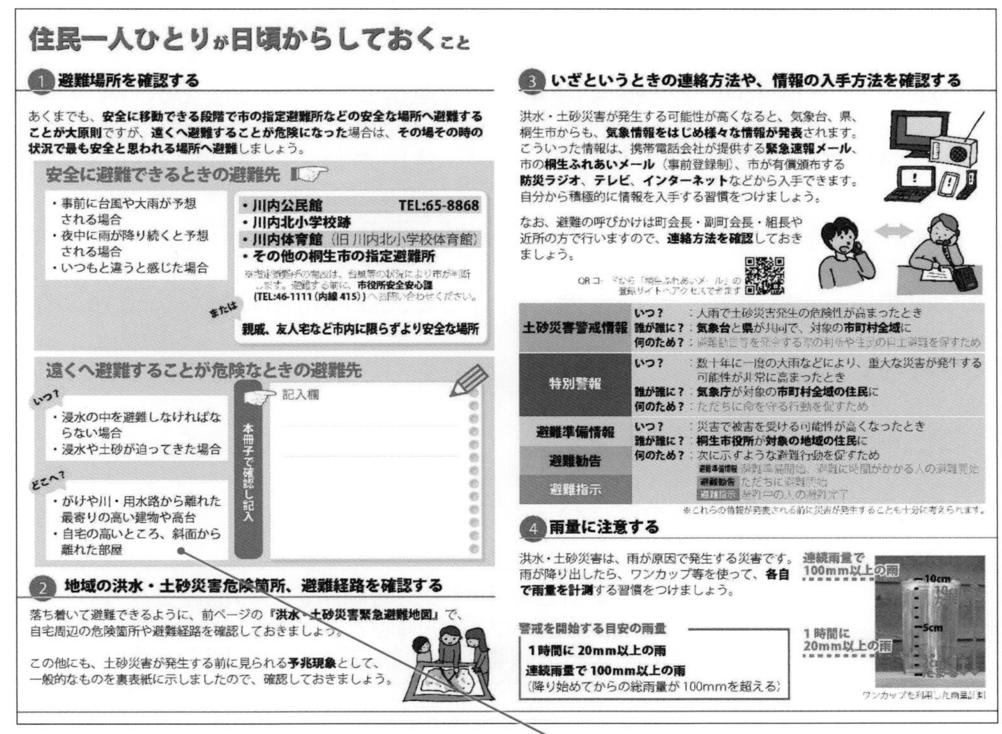

住民一人ひとりが日頃からしておくこと

1 避難場所を確認する

あくまでも、**安全に移動できる段階で市の指定避難所などの安全な場所へ避難することが大原則**ですが、**遠くへ避難することが危険になった**場合は、**その場その時の状況で最も安全と思われる場所へ避難**しましょう。

安全に避難できるときの避難先

- 事前に台風や大雨が予想される場合
- 夜中に雨が降り続くと予想される場合
- いつもと違うと感じた場合

- **川内公民館**　**TEL:65-8868**
- **川内北小学校跡**
- **川内体育館**（旧川内北小学校体育館）
- **その他の桐生市の指定避難所**

避難する前に、**市役所安全安心課（TEL:46-1111（内線415））**へお問い合わせください。

または

親戚、友人宅など市内に限らずより安全な場所

遠くへ避難することが危険なときの避難先

いつ？

- 浸水の中を避難しなければならない場合
- 浸水や土砂が迫ってきた場合

どこへ？

- がけや川・用水路から離れた最寄りの高い建物や高台
- 自宅の高いところ、斜面から離れた部屋

本冊子で確認し記入

記入欄

2 地域の洪水・土砂災害危険箇所、避難経路を確認する

落ち着いて避難できるように、前ページの**『洪水・土砂災害緊急避難地図』**で、自宅周辺の危険箇所や避難経路を確認しておきましょう。

この他にも、土砂災害が発生する前に見られる**予兆現象**として、一般的なものを裏表紙に示しましたので、確認しておきましょう。

3 いざというときの連絡方法や、情報の入手方法を確認する

洪水・土砂災害が発生する可能性が高くなると、気象台、県、桐生市からも、**気象情報をはじめ様々な情報が発表**されます。こういった情報は、携帯電話会社が提供する**緊急速報メール**、市の**桐生ふれあいメール**（事前登録制）、市が有償頒布する**防災ラジオ**、**テレビ**、**インターネット**などから入手できます。自分から積極的に情報を入手する習慣をつけましょう。

なお、避難の呼びかけは町会長・副町会長・組長や近所の方で行いますので、**連絡方法を確認**しておきましょう。

土砂災害警戒情報	いつ？	大雨で土砂災害発生の危険性が高まったとき
	誰が誰に？	**気象台**と**県**が共同で、対象の**市町村全域**に
	何のため？	
特別警報	いつ？	数十年に一度の大雨などにより、重大な災害が発生する可能性が非常に高まったとき
	誰が誰に？	**気象庁**が対象の**市町村全域の住民**に
	何のため？	ただちに命を守る行動を促すため
避難準備情報／避難勧告／避難指示	いつ？	災害で被害を受ける可能性が高くなったとき
	誰が誰に？	**桐生市役所**が**対象の地域の住民**に
	何のため？	次に示すような避難行動を促すため

※これらの情報が発表される前に災害が発生することも十分に考えられます。

4 雨量に注意する

洪水・土砂災害は、雨が原因で発生する災害です。雨が降り出したら、ワンカップ等を使って、**各自で雨量を計測**する習慣をつけましょう。

警戒を開始する目安の雨量

1時間に20mm以上の雨

連続雨量で100mm以上の雨
（降り始めてからの総雨量が100mmを超える）

洪水・土砂災害に備える上で、日頃から確認・対応しておくべき事項について、ポイントを絞って明示

［図24］　日頃から備えておくべき事項

・土砂災害の予兆現象について明示し、これらの現象が発生した場合にも自主避難することをルール化
・過去の災害を記憶にとどめておくため、当時の被害写真を掲載

［図25］　土砂災害の予兆現象を明示（裏表紙）

桐生市での住民参画によるハザードマップ作りは、2014年（平成26年）から積極的に展開され、2018年（平成30年）度には、全ての対象自治会で実施されました。

このような取組は、一度実施すれば十分というものではなく、地域で継続して取り組んでいくことが大切です。ハザードマップにも、この取組についてはもちろん、ハザードマップと住民との対話の取組が相互に連携していることを示しています。

住民の参画により作ったハザードマップは、その後のフォローアップも含め、行政と住民との対話の材料に十分なり得るものであり、これを整備できていることの意義は大きいと思われます。

自主避難基準と緊急時の避難場所、その他過去に発生した災害や大雨が降るとよく確認される現象に関する情報等を統括的にマップに表記

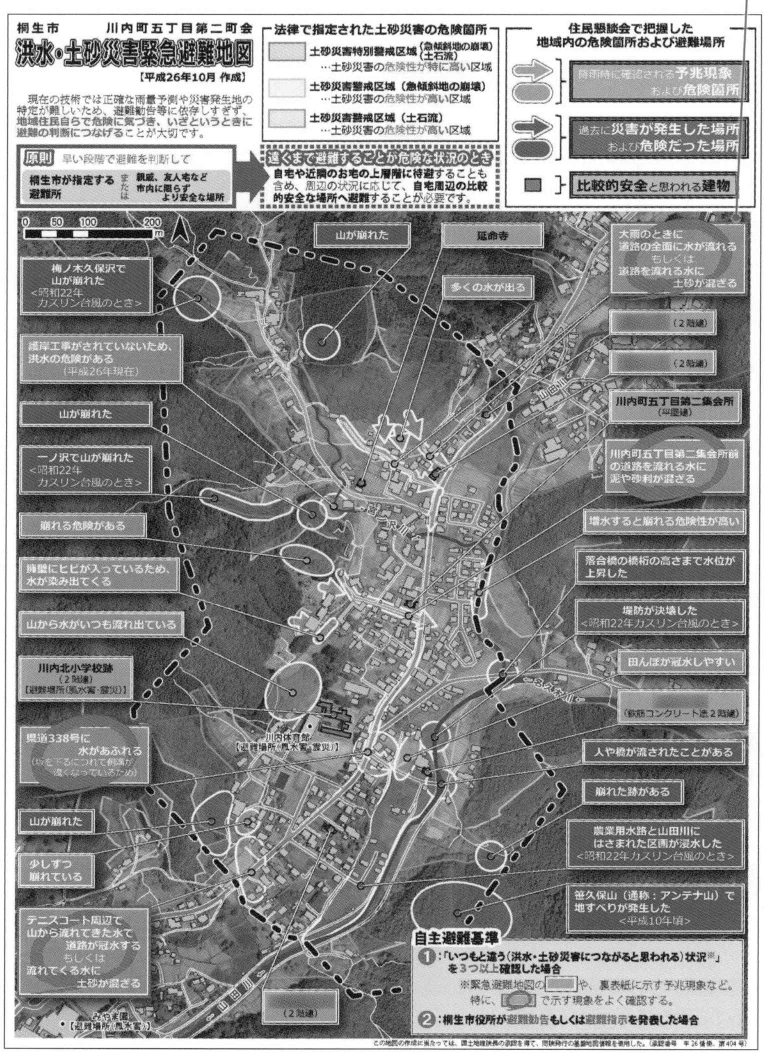

［図26］　町会ごとに作成されたハザードマップ

実践事例11

戸田市緊急避難場所マップ、まかせて会員・おねがい会員

［埼玉県戸田市］

町会別緊急避難場所マップの作成を2014年（平成22年）３月から３町会でスタート。同マップを含めた冊子型のハザードマップを作成し、その中で、「まかせて会員」等の紹介も行った。併せて「おねがい会員」「まかせて会員」の募集も開始した。戸田市の位置図については、フェーズ４「実践事例８」を参照。

フェーズ４の広域避難の項目で、戸田市で実施した住民ワークショップについて触れました。ここでは、その内容として、住民主導による災害時の緊急避難体制の確立に向けた取組（ワークショップ）と、その成果として住民と共に作った緊急避難場所マップ、さらには避難行動要支援者に関する取組を紹介します。

地域内に指定避難場所を確保できない

フェーズ４で紹介したように、埼玉県戸田市では、荒川の氾濫により、市内全域が１m以上浸水することが想定され、市の指定避難所が十分に確保できないという、防災上とても大きな課題を有しています。市は、他市との協議を行い、広域避難場所を確保しました。

一方で、そもそも立派な堤防がある荒川が決壊すること自体を考えていない市民の存在もありました。早めの広域避難が求められつつも、そのような対応を戸田市民全員が行うことに限界があることは、戸田市民でなくとも、日本での避難の状況、避難率の低さを考えれば明らかです。このような状況で、広域避難ばかりを住民に訴えても、住民にとっては現実味がなく、主体的に避難行動を起こすには至らないものです。

そこで、広域避難を理想としつつも、まずはできることから、住民にとっては広域避難よりも「それなら検討してみようか」と身近に感じられることから取り組むことにしました。これが、緊急一時避難場所への避難を検討する住民ワークショップです。

この取組で住民の気運を醸成し、最終的には広域避難の実現を目指しました。

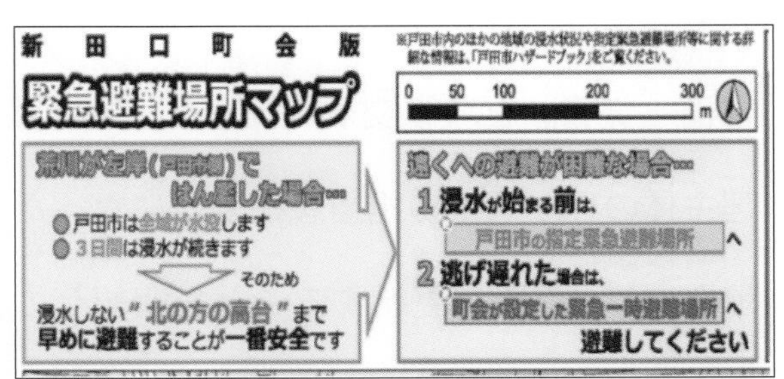

［図27］　水害避難のあり方として『早期の広域避難』と『命を守るための緊急避難』による避難ルールを明示（戸田市町会版水害避難リーフレットから）

浸水の可能性の低い民間の建物を掲載した緊急避難場所マップの作成

ワークショップでは、戸田市の公共施設のみでは避難者の受入れに限界があるため、住民主導で洪水時に浸水しない階を有する民間の避難施設を選定し、その施設を緊急一時避難場所として活用するなどの緊急避難体制の確立に向けた取組を実施しています。

緊急一時避難場所の選定に当たっては、住民が話し合いで候補となり得る施設を選定します。そこで選定した候補施設について、住民自身が、施設の管理者と水害時の緊急一時避難場所としての利用に当たっての交渉を直接行い、施設利用に関して許可を得てもらっています。しかし、口約束だけでは、町会役員が交代したり、施設管理主体の担当者が異動してしまったりした場合、せっかく交わした利用協定が忘れ去られてしまうことが懸念されます。このため、書面（覚書）を取り交わし、町会、施設管理主体のいずれかの担当者が変更になった場合には、書面を更新することを明記して、利用協定が継続するよう工夫しています。

住民ワークショップの成果として、利用許可を得た施設をまとめたマップを掲載したリーフレットを作成しました。そこには、マップのほかに、浸水しない市外の高台への早期の『広域避難』が最も優先されるべき避難対応であること、そのタイミングを逃した場合は、命を守るための避難対応として、市内の指定緊急避難場所やそれ以外の高層建物の非浸水階へ避難すること（緊急一時避難）などをルール化して掲載しています。

洪水災害時の緊急一時避難場所に関する協力書

＿＿＿＿町会

平成27年＿＿月＿＿日の申合せにより、以下のような状況が発生した場合には、＿＿＿＿＿＿様の建物を＿＿＿＿町会の住民が**緊急一時避難場所（浸水しない高台への移動が困難となり，浸水から身を守るために一時的に待避する場所）として**利用させて頂くことを＿＿＿＿町会より申し入れ、これについて承諾をいただきました。

ゲリラ豪雨や台風により、戸田市に避難勧告や種々の気象警報が発表された状況において、緊急一時避難場所として利用させて頂きます。

1．町会内で浸水が始まり、各町会員が自宅にいることに危険を感じた場合

2．荒川からの氾濫の危険性が高まり、遠くまで避難することができなくなってしまった場合

※利用させていただく場所は、外階段、内階段、通路、エレベータ前、屋上などの共有スペースを想定しています。

なお、＿＿＿＿＿＿＿様の建物が洪水災害時に緊急一時避難場所として利用することができることは、＿＿＿＿町会の全世帯に周知させていただきます。

■（協力者）＿＿＿＿＿＿＿＿＿＿
担当者　＿＿＿＿＿＿＿＿
連絡先　＿＿＿＿＿＿＿＿＿＿＿＿＿＿

■（依頼者）＿＿＿＿町会
担当者　＿＿＿＿＿＿＿＿
連絡先　＿＿＿＿＿＿＿＿

※なお、異動などにより施設担当者様に変更が生じた場合や、町会担当者側に変更が発生した場合は、相互に情報を提供し合うこととさせていただきます。

［図28］　緊急一時避難場所としての利用について、施設管理主体と町会の間で交わす書面（戸田市災害に強いまちづくり推進ワークショップ）

保存版
「荒川が破堤するような
大水害は発生しない！」
と思っている方へ
一度でよいので、
目を通しておいてください
保存版
洪水などの自然災害時に
「一人で逃げること
ができないかも・・・」
と心配している方へ
よく読んで、各自で必要な
手続きをしておきましょう

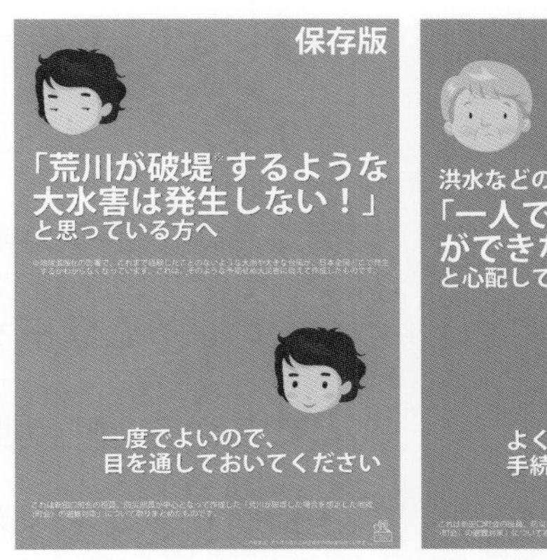

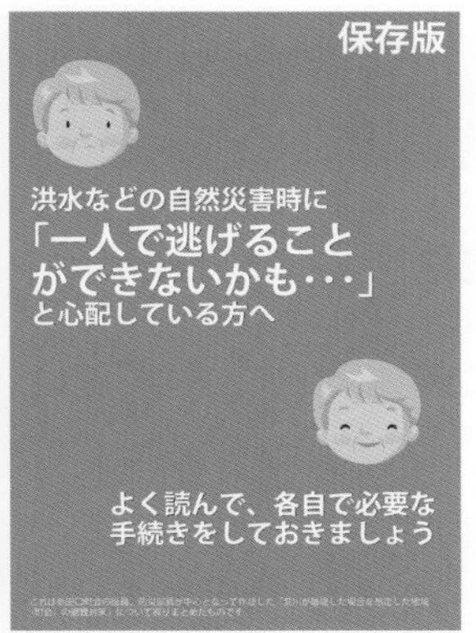

［図29］　リーフレットの表紙と裏表紙
（災害への危機感が薄い人や避難を心配している人にも見てもらえるように工夫して作成した。）

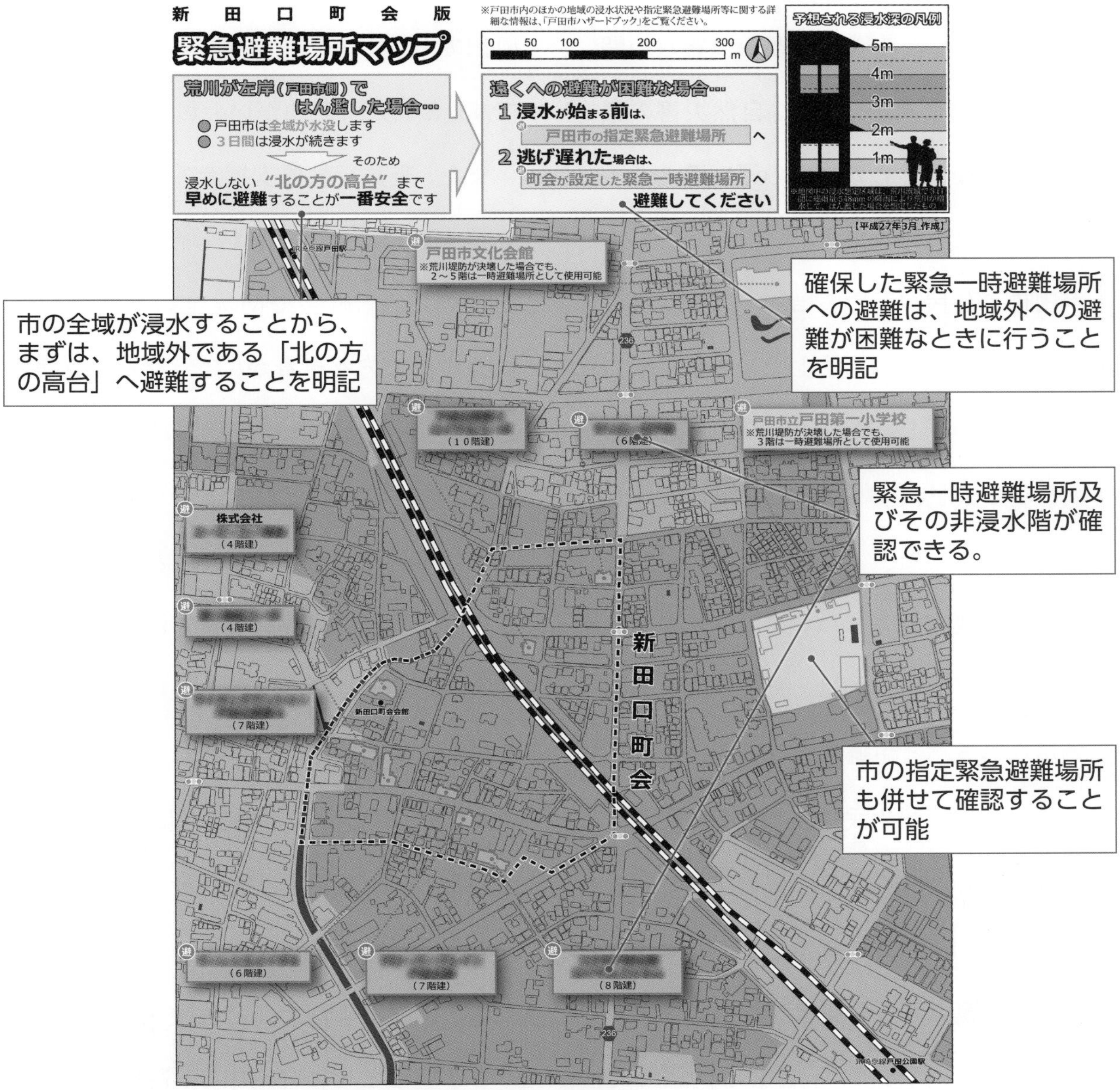
新田口町会版
緊急避難場所マップ
※戸田市内のほかの地域の浸水状況や指定緊急避難場所等に関する詳細な情報は、「戸田市ハザードブック」をご覧ください。
0 50 100 200 300 m
予想される浸水深の凡例
5m
4m
3m
2m
1m
荒川が左岸（戸田市側）で
はん濫した場合…
● 戸田市は全域が水没します
● 3日間は浸水が続きます
そのため
浸水しない "北の方の高台" まで
早めに避難することが一番安全です
遠くへの避難が困難な場合…
1 浸水が始まる前は、
戸田市の指定緊急避難場所 へ
2 逃げ遅れた場合は、
町会が設定した緊急一時避難場所 へ
避難してください
【平成27年3月 作成】
戸田市文化会館
※荒川堤防が決壊した場合でも、
2～5階は一時避難場所として使用可能
戸田市立戸田第一小学校
※荒川堤防が決壊した場合でも、
3階は一時避難場所として使用可能
株式会社
（10階建）
（6階建）
（4階建）
（4階建）
（7階建）
（6階建）
（7階建）
（8階建）
新田口町会
新田口町会館
確保した緊急一時避難場所への避難は、地域外への避難が困難なときに行うことを明記
市の全域が浸水することから、まずは、地域外である「北の方の高台」へ避難することを明記
緊急一時避難場所及びその非浸水階が確認できる。
市の指定緊急避難場所も併せて確認することが可能

［図30］　民間の建物を掲載した緊急避難場所マップ

避難行動要支援者に対して、一石を投じた取組

戸田市では、緊急避難場所の取組のほかに、避難行動要支援者に関することも実施しています。

避難行動要支援者をどのように支援するのか、そもそも彼らのことをどのように把握するのか、そして誰が支援するのかということは、多くの地域で重要かつ難しい問題になっています。それは、自然災害の犠牲者を出さないための一つの厚い壁となっているように思われます。

戸田市の住民ワークショップでは、この問題についても検討しました。そして一つの方法を見いだし、実際に取り組んでいます。その方法が、「おねがい会員」「まかせて会員」です。

避難行動要支援者について、ワークショップで議論になったのは、彼らの情報を町会で知り得ることが難しいということです。市の福祉担当部局や民生委員は、高齢者や障がいのある人に関する情報を持っていますが、それを町会で共有することは、個人情報保護の観点からも簡単なことではありません。また、例えば、子どもと同居していても、昼間は子ども世代は仕事や学校で留守になり、高齢者のみが一人で自宅に滞在するといった、公的な情報だけで把握することができない場合もあります。

このような状況を理解しつつも、できるところから、町会独自に避難行動要支援者を把握してみようということになりました。住民のみなさんと話し合った結果、いざというときに避難の支援を希望する方に名乗り出てもらう方法を展開することにしたのです。これが「おねがい会員」です。

また、避難行動要支援者の避難を実際に支援する人についても話し合いました。戸田市の場合、町会で防災全般を担当している役員の方々自身が、自分たちで支援を担当するという強い意識がありました。しかし、少数の役員だけで支援を担当することには限界があります。いざというときに、より実行可能性の高い支援方法を議論した結果、避難支援に協力してもらえる方を募ることになりました。これが「まかせて会員」です。町会の防災担当役員は、「おねがい会員」への連絡と「まかせて会員」へ実際の支援行動の指示を出すという役割を担うことになりました。「まかせて会員」には、いざというときに在宅中で、避難の支援に協力することができる場合に手伝ってもら

うこととしています。

この取組を、緊急避難場所マップを掲載したリーフレットでも紹介し、会員を募集するリーフレットも作成しました。

善意の協力者である「まかせて会員」は、10年の取組を経て、2017年（平成29年）１月時点で1,200名を超えました。こう聞くと、戸田市は自治会加入率の高いまちなのだろうと思われるかもしれませんが、自治会加入率は６割程度です。「まかせて会員」の展開は、特定の避難行動要支援者に責任を持つことまではできないものの、「自分でできることがあれば、誰かを助けたい」という、住民が持っている思いやりを引き出すきっかけになったのではないかと思います。

この取組の背景には、コミュニティにおける助け合いを通じて、コミュニティの活性化につなげていきたいという思いもあります。自治体未加入者をどう巻き込むかということは、どこのまちでも共通の課題としてあります。戸田市でも、彼らをどう巻き込んでいくかが課題ですが、マップ作りによるリスク・コミュニケーションを通じて、住民の自然災害に対する主体性づくりだけでなく、「おねがい会員」「まかせて会員」の取組など、地域コミュニティを育む様々な効果も確認できます。

荒川堤防が決壊するような大水害は、

皆さんがこれまでに経験してきた水害とは以下の点で大きく異なります。

- **上流地域で大雨が降り続いた場合が要注意！**
  ゲリラ豪雨のような局所的で短時間の大雨だけでは、荒川堤防は決壊しません。
- **突然水が襲ってくることはありません！**
  荒川堤防が決壊しそうな場合には、気象庁や戸田市から何かしらの情報が必ず発表されます。
- **戸田市全域が数日間は浸水！！**
  荒川堤防左岸（戸田市側）のどこかで決壊した場合、戸田市は全域が浸水してしまいます。

そのため、新田口町会で心配していることは・・・

注意を呼びかける情報に気づかずに、逃げるのが遅れ、浸水しているなか避難しようとして、途中で流されてしまう

ことです。そうならないために、以下の事だけは必ず覚えておいてください。

浸水時の避難は要注意！

◆ **50cm 程度の浸水でも、移動は大変危険！！！**
- 道路の段差などが見えにくくなり、転倒しやすくなります。
- マンホールの蓋が開いていることに気づかずに、吸い込まれて流されてしまうことがあります。

◆ **浸水している場合の、長距離移動は厳禁！**
- 無理に遠くへ避難しようとせず、近所の高い建物に駆け込みましょう。（緊急一時避難）

◆ **避難をするときは、みんなで一緒に避難！**
- 一人で避難すると、万一流されてしまった場合に通報などできず、救助されなくなってしまします。

平成 12 年 9 月東海豪雨災害時に浸水した道路を避難する住民の様子

緊急一時避難とは？

命の危険を回避するために「命からがら」避難することです。

【緊急一時避難場所の例】
- 浸水を免れた建物の上層階など（写真参照）
  ※ 新田口町会では、4 階以上の建物になります。

【覚えておくべきこと】
- あくまで命を守るための、緊急かつ一時的な避難になります。
- 救援物資を受け取ることが困難なため、不便な生活を強いられます。
- 浸水が落ち着くまで、安全な場所への移動はできなくなります。
- 緊急一時避難は、命を守るための最後の手段です。

平成 12 年 9 月東海豪雨災害によって市街地が浸水した旧西枇杷島町（現清須市）の様子

荒川が決壊した場合に備えて

以下のことだけは必ず覚えておいてください。

浸水が始まる**前**は、　戸田市の指定緊急避難
逃げ遅れた場合は、　町会が設定した緊急一時
避難

※具体的な避難場所については、次ページの緊急避難場所マップで確

避難の目安となる情報

避難準備情報 …	荒川洪水注意報が出されたときなどに発令されます。避難を開始する目安になります。戸田市はこの段階で するので、一般の方も可能であれば、この段階で早め
避難勧告 …	荒川洪水警報が出されたときなどに発令されます。全員すぐに避難を開始しましょう。
避難指示 …	状況が切迫したり、すでに災害が発生したときに発令 このときにはすでに避難を完了している必要がありま

（危険度 大）

いざというときの避難情報の伝わり方

- 避難に関する情報は、防災行政無線や広報車、インターネット、町会役員を通 知ることができます。

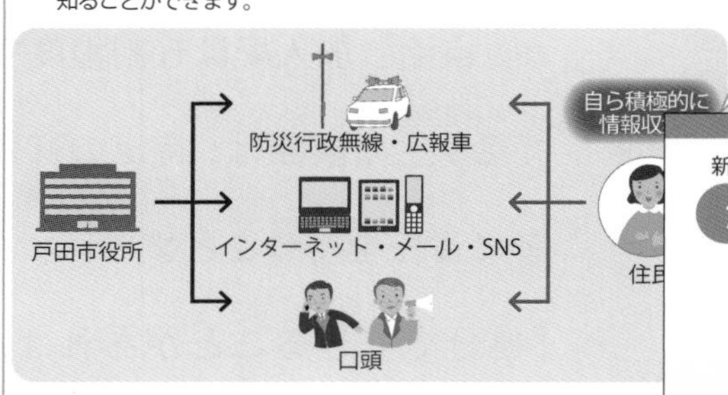

- しかし、受け身の姿勢では、いざというときに情報を得ることができな なったら、各自で積極的に情報収集するように心がけましょう。
- 特に、防災行政無線や広報車は、雨音などで内容が聞き取れない場合が フリーダイヤル（0120-13-8882）に電話して、各自で内容を確認し
- 戸田市では、緊急情報はエリアメールで市内にいる方の携帯電話へ配信 事前の情報は「防災情報メール」や SNS で配信されます。登録して活用
- その他、洪水に関する情報などは、以前にお配りした『戸田市ハザード

新田口
たと
おねがい

保存版

洪水などの自然災害時に
「一人で逃げることができないかも・・・」
と心配している方へ

よく読んで、各自で必要な手続きをしておきましょう

これは新田口町会の役員、防災部員が中心となって作成した「荒川が破堤した場合を想定した地域（町会）の避難対策」について取りまとめたものです。

一人で避難することが困難な方に対する避難支援について確認できる。

リーフレットにて「おねがい会員」と「まかせて会員」について紹介

［図31］　戸田市緊急避難場所マップ（情報面）

。

な方が
を開設
しょう。

よって

ール

表紙、裏表紙のどちらからも読み進めることができる。

浸水前後における避難の考え方やルールが確認できる。

決壊し、大洪水が発生したとしても、町会から一人の犠牲者もださないために、避難の支援が必要な方への支援方法を検討しました

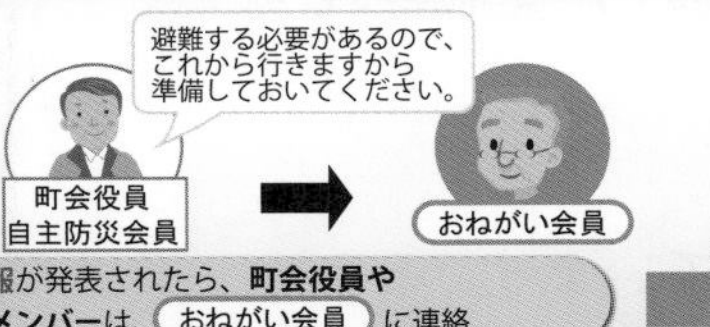

報が発表されたら、町会役員や
メンバーは、おねがい会員に連絡

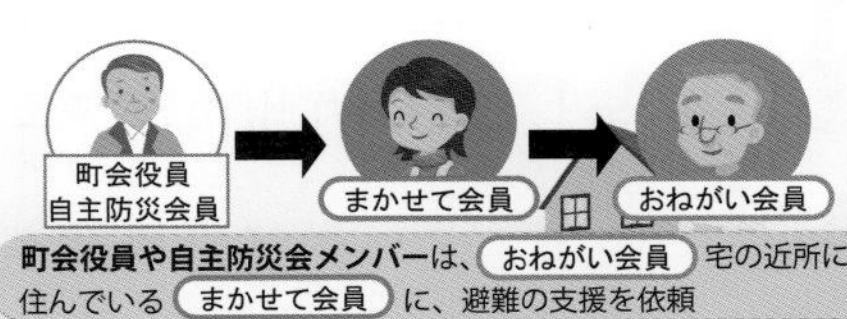

町会役員や自主防災会メンバーは、おねがい会員宅の近所に住んでいるまかせて会員に、避難の支援を依頼

おねがい会員は、まかせて会員の支援を受けて、戸田第一小学校へ避難

新田口町会で検討した避難の支援方法は、『いざというときには、近隣住民で助け合う』ことを基本としています。
そのため、いざというときに連絡がとれるようにしておくことはもちろんのこと、日頃からご近所つきあいを大事にしてください。

で避難することが困難な方へ

危険時に避難の支援が必要な方は、
意思で「おねがい会員」に登録してください。

は、洪水などの災害が発生する前に、一人で安全な場所に避難する
避難の支援を必要とする方が、自らの意思で登録するものです。

は、町会長または町会役員に相談してください。
使って、定期的に把握していく予定です。

方法を検討するために、ある程度の個人情報を提出してもらうこ
了承ください。
援方法を検討する用途以外では使用せず、町会役員が責任を持って管理します。

担当するのかをあらかじめ決めておきます。
も必ず避難の支援をする」ことをお約束するものではありませんので、あらかじめ

「おねがい会員」がとるべき行動

された場合、町会役員や自主防災会メンバーから、避難の支援が必
連絡があります。
いなくても、洪水発生の危険性が高まった場合には連絡することもあります。

場合には、町会役員や自主防災会メンバー、又は、まかせて会員の
難の支援に伺います。

ねがい会員の方には戸田第一小学校に避難してもらいます。
考えて、避難先を決めています。ご協力をお願いします。

まかせて会員

避難の支援に協力して下さる方へ

洪水発生危険時に避難の支援にご協力いただける方は、
「まかせて会員」として登録をお願いします。

- 「まかせて会員」とは、災害発生前に、一人で安全な場所に避難することが困難な方に対する避難の支援に協力してもらえる方に登録していただくものです。
- ご協力いただける方は、町会長または町会役員にご連絡ください。
  町会では、回覧板などを使って、定期的に登録をお願いしていく予定です。
- 災害発生危険時に支援協力の声かけがあった際に、在宅中で協力可能な場合のみ協力していただければ結構です。
  「登録したら、どんな状況でも必ず支援しなければならない」というわけではありません。
- どの方に誰の支援を担当していただくのかをあらかじめ決めておきます。

いざというときに「まかせて会員」にお願いしたい対応

- 避難準備情報が発表された場合、町会役員や自主防災会メンバーから、避難の支援協力の声かけをさせていただきます。
  避難準備情報が発表されていなくても、洪水発生の危険性が高まった場合には声かけをさせていただくこともあります。
- ご協力いただける場合には、ご近所にお住まいのおねがい会員の自宅まで避難の支援に行っていただきます。
- おねがい会員の方と一緒に、戸田第一小学校に避難してください。
  一時避難後の不便などを考えて、避難先を決めています。ご協力をお願いします。

実践事例12

北九州市みんな de Bousai まちづくり推進事業

［福岡県北九州市］

地域防災力の向上を目的に、2013年（平成25年）から「みんな de Bousai まちづくり推進事業」に取り組んでおり、「みんな de Bousai まちづくり懇話会」「車座集会」「地区 Bousai 会議モデル事業」「人材育成事業」などを展開している。

フェーズ２の「実践事例５」として紹介した北九州市。このまちでは、地域住民が自分たちの防災について話し合い、地域の防災計画をまとめていく会議を行うなど、防災まちづくりの視点に立った「みんな de Bousai まちづくり推進事業」が積極的に行われています。私もアドバイザーとして参加したこの事業について紹介しましょう。

住民を巻き込んだ懇話会と車座集会

この事業で、最初に実施されたのは「みんな de Bousai まちづくり懇話会」です。私は、座長として参加したのですが、参加メンバーは、認知症支援に携わっている方、子育て支援、防災に取り組むNPOの方、自治会活動の中心メンバー、中学校の校長先生、市の福祉や文化担当部局の方、副市長、そして大学生など、とても多彩な顔ぶれでした。この会では、北九州市の防災の問題点やこれからどのように防災を進めるとよいかなど、様々な視点から熱い議論が交わされました。

この懇話会と同時進行で「みんな de Bousai まちづくり車座集会」が実施されました。北九州市はフェーズ２で述べたとおり、七つの区で構成されています。この七つの区ごとに、つまり計７回、車座集会が実施されました。参加者は、地元の自治会の代表者、民生委員、その区にある企業や事業者、商店街の方、PTA、障害のある方、介護事業者、外国人など。それぞれの区の状況に合わせて選ばれた方々と座長として参加していた私が車座に座り、その周りを市民のみなさんが取り囲むように座って話し合うというスタイルでした。この車座集会では、各区の地域防災の課題や取組などについての意見交換を行いました。そして、車座集会で話し合われたことが懇話会に持ち寄られ、それぞれの区の状況も踏まえた上で、市全体として「みんな de Bousai まちづくり推進事業」の指針や取組の方向性が議論され、定められていきました。

懇話会は、2016年（平成28年）までに計６回開催され、事業の進捗や事業内容についての確認と、課題や改善策の指摘を行ってきました。この懇話会や車座集会での議論を踏まえて、二つの新しい事業が生まれています。

［写真３］　北九州市みんな de Bousai まちづくり懇話会の様子

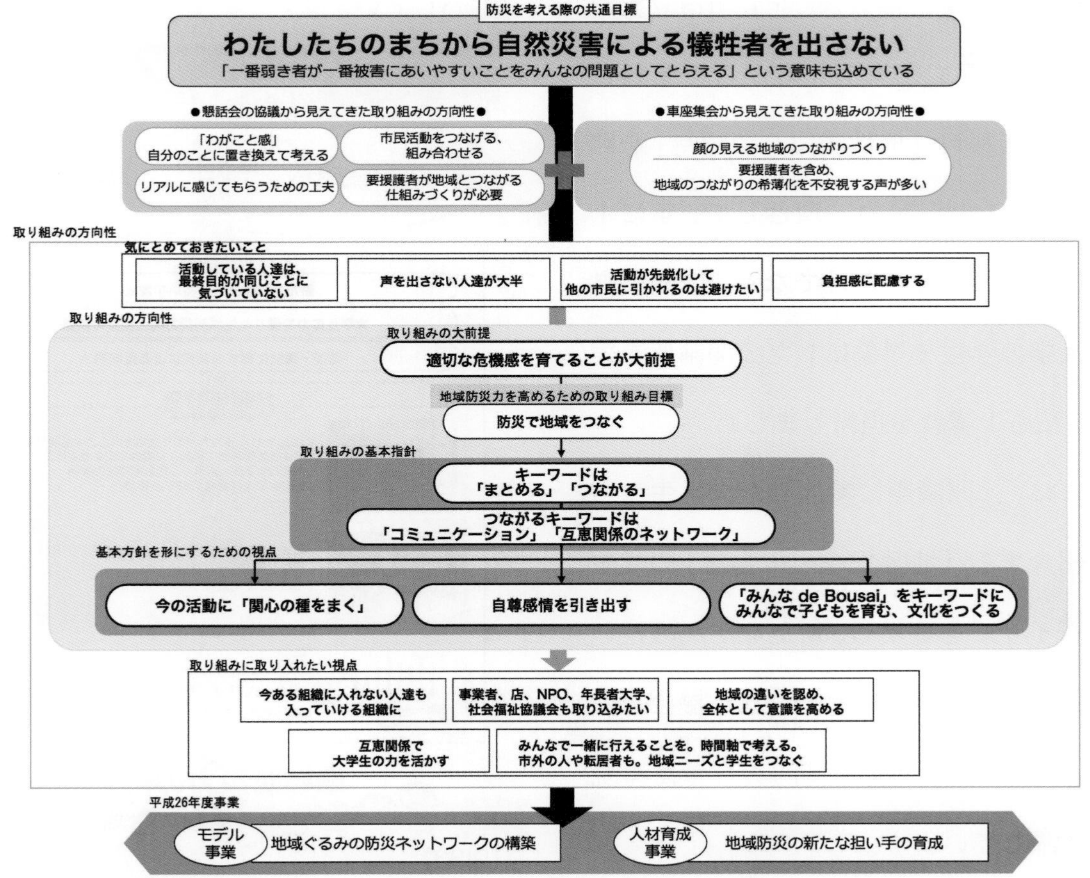

［図32］　事業指針

（「みんな de Bousai まちづくり懇話会」や「車座集会」での話し合いを整理して、「みんな de Bousai まちづくり推進事業」の方向性を定めていきました。）

市と大学が連携して若い人材を育む

「みんな de Bousai まちづくり推進事業」から新たに生まれた二つの事業。そのうちの一つは、地域防災の新たな担い手を育成する「みんな de Bousai 人材育成事業」です。この事業は、懇話会で出た「地域防災を進めるためには、新たな担い手の育成が必要」との指摘を受けて実施されることになりました。

具体的には、北九州市と北九州市立大学による防災協定に基づき、北九州市立大学が2015年（平成27年）４月から授業科目として防災科目「地域防災への招待」を開講。また、この授業の一環として、年に１度、北九州市立大学だけでなく、市内にある７大学の学生を対象にした公開講座を実施し、私も１講義を担当しました。

さらに、公開講座に参加した大学生から、後に紹介する「地区 Bousai 会議」の学生アドバイザーを募集し、新たな防災の担い手である大学生と地域とをつなぐ機会が設けられ、学生たちは、地域防災を考える現場で活躍しています。

また、北九州市立大学では、その後、災害ボランティア活動も積極的に展開されているそうです。特に2017年（平成29年）７月に発生した九州北部豪雨では、北九州市立大学地域共生教育センターの災害時緊急支援チームが、他の大学やNPOと連携して、学生災害ボランティアに無料で宿泊場所を提供する「うきはベース」の設置や運営に携わり、災害時緊急支援チームとして、2018年（平成30年）３月に、福岡県防災賞を受賞したと聞いています。若い力の大いなる活躍はとても喜ばしく、新たな防災の担い手は、着実に育まれているのだと感心しています。

[図33]
（「みんな de Bousai まちづくり推進事業」をきっかけに大学と市との防災の取組がスタートしました。）

住民主体の地域防災「地区Bousai会議」

新たに生まれたもう一つの事業は、「地区Bousai会議」です。これは、地域住民が主体となって自分たちの防災計画を策定するというものです。北九州市は、小学校区単位でまちづくり協議会や市民センターが整備されていることから、「地区Bousai会議」も、小学校区単位で実施されています。

まず、モデル事業として七つの校区のうち、平成26年度に４校区、平成27年度には残りの３校区において「地区Bousai会議」が実施されました。この会議は、一方的に話を聞くのではなく、ワークショップ型の話し合いを主として実施されています。また、話し合うだけでなく、話し合ったことを実際に行ってみる防災訓練も実施。そこで出てきた課題についての協議も含めて、最終的にそれぞれの校区で自分たちの地区防災計画としてまとめていきました。

モデル校区での実施に当たり、私は、自然災害の犠牲者を出さないために地域で何を検討し、どのような体制を整える必要があるのか、その進め方や考え方をステップに分けてアドバイスしました。また私自身、各校区でそれぞれ２回ずつ「地区Bousai会議」に参加し、住民のみなさんに対し、地域防災についての講話やワークショップでのアドバイスなどを行ってきました。

７校区でのモデル事業が終わった後は、他の校区でも「地区Bousai会議」を進めていくため、北九州市では、モデル校区における経験を踏まえて、マニュアル及び資料パッケージとしてまとめ、私は、その監修に携わりました。そして、それを基に、2017年（平成29年）からは、「地区Bousai会議」のファシリテーターを育てながら、同会議を展開されています。

2013年（平成25年）から始まった北九州市での「みんな de Bousai まちづくり推進事業」は、コツコツと経験と実績を積み重ねながら取り組まれ、防災をまちづくりの一環として捉えて育んでいる好例であると感じています。

［写真４］　地区 Bousai 会議の様子
（住民のみなさんが集まり、自分たちの地域の防災について考え、訓練を行い、防災計画をまとめていきます。）

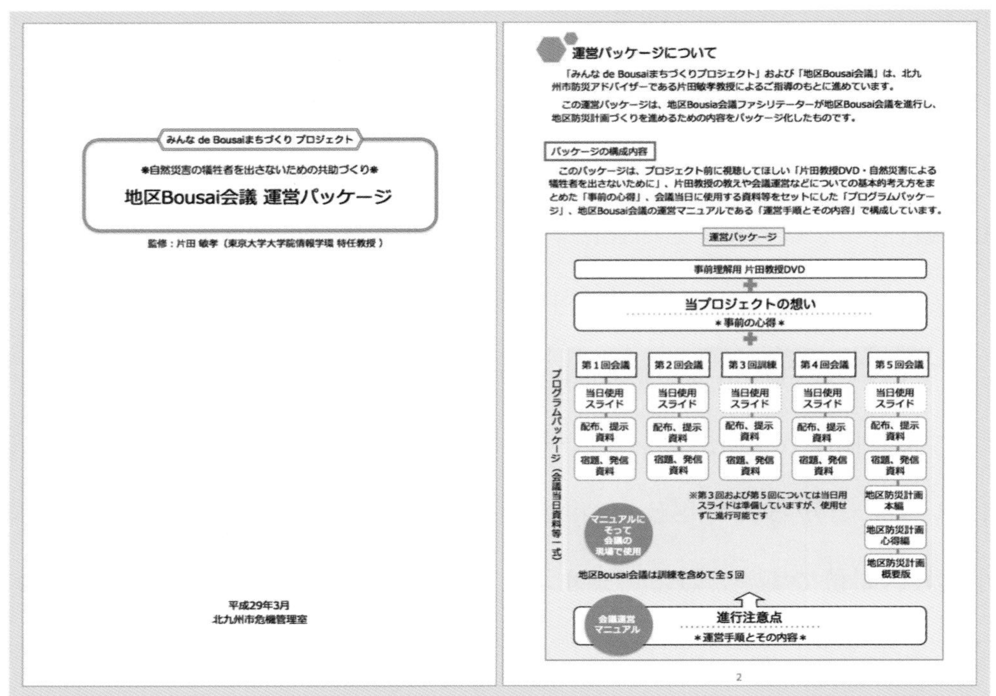

みんな de Bousaiまちづくり プロジェクト

＊自然災害の犠牲者を出さないための共助づくり＊

地区Bousai会議 運営パッケージ

監修：片田 敏孝（東京大学大学院情報学環 特任教授）

平成29年3月
北九州市危機管理室

運営パッケージについて

「みんな de Bousaiまちづくりプロジェクト」および「地区Bousai会議」は、北九州市防災アドバイザーである片田敏孝教授によるご指導のもとに進めています。

この運営パッケージは、地区Bousia会議ファシリテーターが地区Bousai会議を進行し、地区防災計画づくりを進めるための内容をパッケージ化したものです。

パッケージの構成内容

このパッケージは、プロジェクト前に視聴してほしい「片田教授DVD・自然災害による犠牲者を出さないために」、片田教授の教えや会議運営などについての基本的考え方をまとめた「事前の心得」、会議当日に使用する資料等をセットにした「プログラムパッケージ」、地区Bousai会議の運営マニュアルである「運営手順とその内容」で構成しています。

［図34］「地区Bousai会議」運営パッケージ

（「地区 Bousai 会議」を展開していくに当たり、その運営の仕方や会議運営で使用する資料などをまとめ、パッケージ化しています。）

住民参画型マップの留意点

フェーズ５では、地域において住民のみなさんの参画により取り組んだ事例を紹介しました。このような取組で最も大切なことは、住民のみなさんが参加して作るというプロセスとしてのコミュニケーションです。これは、情報取得や避難行動、ひいては防災そのものへの主体性を引き出すという面において極めて重要であり、私たち自身が取組の中でとても大切にしていることです。

一方で、留意しておくべきことがあります。それは、そのようにして生まれたハザードマップは、地域の問題意識やコミュニティのありようなど、その時点での地域の状況に合わせて作ったものであり、この先も常にベストなものであるとは必ずしも言い切れないということです。そのため、そのマップを使って地域防災を進めていく中で、そのときの地域の状況に合った適切なツールになっているのかどうかを見直し、マップを改訂・更新していくことが必要です。第Ⅰ部第６章の③で、「ハザードマップは、作って終わりではなく、作ってからが始まり」と指摘し、ハザードマップをコミュニケーションツールとして活かすということを強調しました。その中には、地域の状況に合わせてハザードマップの見直しや改訂・更新を行っていくという意味も含まれていることを肝に銘じてほしいものです。

私のチームでは、ハザードマップを作ることだけでなく、フォローアップという形で地域に入り、改訂や更新のための取組も行っています。

ここに紹介した三つの事例以外にも、私のチームでは、住民に自ら自分のまちの防災を考えてもらうための取組を全国様々な都市で実施しています。ハザードマップ作りをはじめ、住民参画による取組は、その作成の意義だけでなく、地域の防災リーダーやこれからを担う若者に対して参考になることが多いように感じられますので、これは、またの機会に著したいと思っています。

フェーズ1からフェーズ5まで、ハザードマップの課題解決に挑戦してきた実例を紹介してきました。ここで紹介した以外にも、例えば、住民の主体的な情報取得欲をくすぐり、ハザードマップを手に取るだけで最低限押さえておきたいポイントを知ってほしいという思いから、その表紙に自然災害や避難に関する知ってほしいポイントを掲載した事例や、各家庭で避難について対話し、わが家の防災手帳を作ってほしいという思いから、ハザードマップと連動したワークブック型の「家族防災手帳」（大人版と子ども版）を作り、展開した事例など、いろいろな挑戦を行ってきました。

いずれも、住民とのリスク・コミュニケーションをいかに行うのかという視点に立ち、挑んできた事例だと思っています。

繰り返しになりますが、フェーズ1からフェーズ5まで、私が携わったハザードマップを公開したのは、それをまねしてほしいからではありません。作成過程での私自身の葛藤や、悩みながらも形にしてきた経験が、ハザードマップの作り手のみなさんの参考になればうれしいと思い、そして、実際にハザードマップを使う住民のみなさんに、自分や家族の命を守る、地域の人たちと共に命を守り抜くために、ハザードマップを活用するという意識を持ってほしいと思ったからです。

日本のハザードマップは、どんどんその精度を上げていますが、そのことに慢心するのではなく、また、ハザードマップだけを信じ込むのでもなく、本当に大切なことは何かということを共に考え、命を守る防災を進めていければと願っています。

おわりに

> これまでの「行政主導の取組を改善することにより防災対策を強化する」という方向性を根本的に見直し、住民が「自らの命は自らが守る」意識を持って自らの判断で避難行動をとり、行政はそれを全力で支援するという住民主体の取組強化による防災意識の高い社会を構築する必要がある。

これは、2018年（平成30年）12月に出された「平成30年７月豪雨を踏まえた水害・土砂災害からの避難のあり方について（報告）」の「1. 避難に対する基本姿勢」の中からの抜粋です。この報告は、中央防災会議 防災対策実行会議の平成30年７月豪雨による水害・土砂災害からの避難に関するワーキンググループによるものであり、私は、このワーキンググループにメンバーとして参加していました。

災害後には、このような会議が設けられることがあります。そのような場では、避難情報などに関する反省点が指摘され、改善策が議論されます。それはそれで重要なことです。しかし、これまでに経験のないような激甚化した災害が襲ってくる中で、そのたびに避難情報の改善などの課題が出て、それに対応する形で対策を付け加えていく、それで本当に日本の防災は良くなるのでしょうか。その繰り返しだけで、今後災害は無くなるのでしょうか。私は恐らく無くならないだろうと思います。災害が起きるたびに「避難情報が遅い」「避難情報がわかりにくい」と行政が批判され、マスコミも問題視する。その時々の対策が重ねられることは悪いことではありませんが、その結果、皮肉にも、大切な命そのものである住民のみなさんの危機意識、わがこと感といったことは横に置かれたまま、災害から命を守る対策が国や行政に委ねられ続け、災害過保護の社会構造は何も変わらないようにさえ思えます。議論しなければならない本質が違うのではないだろうか、私はそんな疑問を抱きながらワーキンググループに参加し、率直にその思いを伝えました。

「住民が『自らの命は自らが守る』意識を持って自らの判断で避難行動をとり、行政はそれを全力で支援する」。行政ありき、ハードありきで進められ、それが功を奏してきたこれまでの日本の防災では考えられない内容です。日本の防災のパラダイムシフトといっても過言ではないほど、これまでの日本の防災の方向性を根本的に見直した、かつてない踏み込んだ提言になっています。それはつまり、平成30年７月豪雨が、私たちの防災の根幹を揺るがすほどの災害であったということです。

平成30年７月豪雨は、私自身にも大きなインパクトとなった災害でした。この災害により、ハザードマップづくりはもちろん、防災研究者としての私自身の思いの改訂みたいなものがありました。本文の中で記しているハザードマップを作る過程での迷いが、私の中でさらに鮮明な疑問として浮かび上がってきたこと。命を守るための原則としてこれまで訴えてきた私の原点ともいえることが、間違いではなかったと確信するに至ったこと。そして、「避難しない」ということに対する私自身のこれまでの考察を今一度見つめ直すことになりました。その一つひとつを伝えたいと思います。

まず、「迷いが鮮明な疑問として浮かび上がった」ことについてです。第Ⅱ部フェーズ３の中で、私は、「避難行動を指南することへの迷い」や、迷いながらも行動指南型「逃げどきマップ」の作成に踏み切った背景について述べています。平成30年７月豪雨を目の当たりにし、いかようにも荒ぶる自然を前に、避難行動を指南してはいけないのではないかという疑問が私の中で鮮明になっているのが現在の正直なところです。一方で、リスクコミュニケーションツールとしてのハザードマップの役割を考えた場合、私が作成に踏み切ったように、例えば、避難することを自分ごととして考えてもらうためのモアベターな課題解決策として、避難行動指南型のハザードマップが必要な場面もあるかもしれません。そのような場合にも、作り手は、避難行動を指南することではなく、住民のみなさんがその日その時の最善を尽くして命を守りあうことが本来重要であるということを強く、強く意識し、住民のみなさんに正直に伝えてほしいと思います。避難行動は指南するものではない。しかし、住民には指南が必要な場合もある。このはざまで大いに悩み考えてほしいと思います。

次に「命を守るための原則としてこれまで訴えてきた私の原点ともいえることが、間違いではなかったと確信した」ことについてです。これは、避難行動の指南とも関わってきますが、2004年（平成16年）から始めた岩手県釜石市での津波防災教育で子どもたちに伝えてきた「避難三原則」のことです。「想定にとらわれるな。最善を尽くせ。率先避難者たれ」、今現在、この三原則は間違っていなかったと確信しています。

「想定にとらわれるな」、これを私は「ハザードマップを信じるな」という言い方でも伝えてきました。本書の中で繰り返したように、ハザードマップはあくまでも、あまたあるシナリオの中のある一つの想定にすぎません。想定にとらわれることなく、謙虚に自然と向き合うことが必要であることを改めて実感しています。

「最善を尽くせ」とは、その時の状況の中で自分たちの命を守るためにできる最善の行動をとるということです。例えば豪雨災害では、雨の降り方、住居の構造、自分や家族の年齢や身体など、ご近所ごと、家族ごと、あるいは個人ごと、そしてその日その時によって、どのような避難を行えばいいのか様々です。ここに居れば安心と決めつけるのではなく、その時に自分たちができる最善を尽くす。命を守りぬくためにできることを一心に行う。避難行動を指南するにとどまらず、最善を尽くすことを訴えていくことの重要性を感じています。

そして「率先避難者たれ」、第Ⅰ部第５章の中で非常ベルの例を出しました。非常ベルの意味はわかっているのに、非常ベルが鳴っても、ほとんどの人は逃げ出そうとしないという話です。最初に避難することは、とても勇気がいることなのです。避難することは難しい、しかし、平成30年７月豪雨はもとより、平成29年九州北部豪雨ほかで災害に襲われながらも犠牲者を出さなかった地域があります。そういった地域に共通していることの一つは、「避難しよう」と地域で声を掛け合っているということです。平時から「こうなったら避難する」と自分たちで決め、住民同士で避難の声掛けをし合い、一緒に逃げて命を助け合っている地域もあります。「避難しよう」と声を掛ける人は、率先避難者ともいえます。勇気のいることですが、互いに命を守り合うために率先して避難を呼び掛け、避難する。自然が荒ぶる近年の中で、そういった人や地域が出てきているのも事実です。

「想定にとらわれるな。最善を尽くせ。率先避難者たれ」という「避難三原則」は、知識ではありません。自然や自然災害とどう向き合うかという姿勢のことです。それは、地域のありようや、もっと言えば、それぞれの人の生き方に繋がることかもしれません。

この避難三原則について、知識としてではなく、自然に向き合う姿勢として、子どもたちをはじめ、多くのみなさんに訴えていきたいと改めて思っています。ハザードマップづくりにおいても、住民の「自然災害に向き合う姿勢」を育てるためのツールの一つとして捉えていただきたいと思っています。

もう一つ、「避難しないということに対する私自身のこれまでの考察を今一度見つめ直した」ことについて記します。この本の第Ⅰ部で、人はなぜ避難しないのかということについて掘り下げて考えてきました。正常化の偏見や認知的不協和の話、あるいは受け身の自助やメタメッセージなどについて述べました。そのような心の動き、心理特性は、人の性（さが）であり、人はみんなそうであること、人は逃げられない特性を持っていることを自覚することがまず大切だと書きました。同時に、自分のことでは避難しようとしなくても、大切な人をおもんぱかる思いが避難行動につながることもお伝えしました。その思い、考えは今も変わりませんが、平成30年７月豪雨での被害を目の当たりにして、私は、避難しないということがどういうことなのか、重くそして大きな課題を改めて突きつけられたように感じました。それから考える日々が続きました。過去、自分が調査した人たちの話や伺った被災した人たちの声を思い出し、考察する自分自身を内省しながら、なぜ避難しないのかということを改めて熟考し、人の心の機微を感じようとしました。そうして思いに至ったのは「人は、人として逃げられない」ということです。

例えば、以前、豪雨災害にあった高齢の女性に避難しなかった理由を聞いた時の話です。木造平屋建ての家に一人暮らしをしていたその方に「おばあちゃん、どうして逃げなかったの？」と質問しました。すると彼女はこう答えたのです。「逃げれば助かる、そんなことは知っている。でも、この家は、おじいさんと一緒に造った家だ。この家が流れる時には、おじいさんが迎えにきたのだから私も流れたい。逃げて、自分は助かって家がやられたら、あとの生活はどうなる？　そりゃあ、よっぽどおじいさんのところに行ったほうがいい」。この話を聞いた時、ショックであると同時に、思わず「そうですよね」と言いそうになりました。こういう逃げない人に対して、私たち専門家やもしかすると行政の人も、とかく防災意識が低いと断じ、知識が足りない、情報が足りないと言ってしまいがちです。正常性バイアスがそうさせると理論的に解説することもできるでしょう。しかし、本当にそうなのだろうかと私の中にはフツフツとした疑問が生まれています。

東日本大震災のことも思い出しました。地震が起き、津波が来るから高台に逃げなければならないことはわかっている。しかし、すぐ近くで遊んでいた子どもがいない。わが子を懸命に探し、津波にのみこまれてしまった母親がいました。高台に駆け上がっておじいちゃんを探していた若者。そこにおじいちゃんがいないことを知ると、自分が助けに行かないとおじいちゃんが危ないと探しに行き、戻ってきませんでした。この母親や若者は、防災意識が低いのでしょうか。津波が来ることを知らなかったのでしょうか。いいえ違います。津波が来ることを知っていたからこそ、避難できなかったのだと私は思います。

災害に直面しているのに避難しない人がいる。専門家や行政は「避難しないとダメじゃないか」「主体性がない」と迫るかもしれません。私たち防災を進める立場、ハザードマップを作る立場の者からしたら、避難していないことは不合理に思えてしまいます。しかし、住民からすれば、逃げないのには逃げないなりの理由があるのです。知識や情報があれば逃げるのか、行政が出す情報が充実すれば逃げるのか、避難場所や避難路を整備すればいいのか。もちろん、そういったことも重要です。重要なのですが、それだけではダメなのではないかと思うのです。逃げたほうがいいと知っていても逃げないことを選ぶ。避難しないといけないとわかっていても大切な人の命を思い、避難できない。これは、合理的な判断ではないかもしれない。しかし、災害に直面した時、自分の命よりも大切なもの、人を優先する。そうやって、人は人として逃げられないのではないかという思いを強くしているのが今現在の私です。

「人は人として逃げられない」としたら、どうすれば「災害があっても命を落とさない」防災を進めることができるのか、どのようにしてハザードマップを作っていけばいいのか。このページを記している今現在、私自身が至っている思いを正直にお伝えします。

「おわりに」の冒頭で、災害が起きるたびに避難情報の改善などの課題が出て、それに対応する形で対策を付け加え続けていくことに対する疑問を述べました。いうまでもなくそういった対策はとても重要なことですが、もっと見つめなければならない本質、立たなければならない視座があると私自身が感じているからこその疑問です。

避難しないのには避難しない理由がある、逃げなければならないと知っていても逃げられない理由がある。見つめなければならない本質は、「人は人として逃げられない」という視座に立ち、人の心に寄り添って感じ、考えていくことなのではないかと私には思えてなりません。そこから始めなければ、血の通った実効性のある防災はできない、そう思えてならないのです。

そのような視座に立った時に気付かされることがあります。それは、人が災害で自分の命さえ危うい時に真っ先に考えるのは、自分にとって大切な人、存在のことであるということです。子どもを探して津波にのまれた母親も、おじいさんを探しに行って帰ってこなかった若者も、おじいさんのところに行くと言って避難しなかったおばあさんも、それぞれの大切な人、存在のことを優先したからこそだったように感じます。防災教育を行っていた釜石市で、東日本大震災の時に一生懸命逃げた子どもたちは、母親が、父親が自分を迎えにきて津波に襲われてはいけないから懸命に逃げたのだと思います。釜石市で防災訓練に取り組んでいた高齢者は、「自分が助かる助からないではない、孫が助かるために訓練する姿を見せないといけない」、そういって訓練に参加していました。東日本大震災のときに帰宅困難者の問題がありました。この根底にあるのも、それぞれの大切な人、存在を思う気持ちです。首都圏でも大きく揺れた地震です。「適切な対応行動をとってください」と訴えることはできますが、実際には多くの人が歩いてでも自分の家を目指しました。自分の命も危ういと思わざるを得ない状況で、多くのみなさんが思ったのは「うちの子どもは大丈夫だろうか」「家族は大丈夫だろうか」あるいは「うちの猫は、犬は大丈夫だろうか」ということだったのでしょう。しかし情報が伝わってこない、連絡が取れない、安否が確認できない。だから危険な中でも歩いてでも家族の元へ、わが家へ帰ろうとしたのだと思います。

2017年（平成29年）に起こった九州北部豪雨の後、私は国の調査団として現地に赴きました。そこで聞き取りをさせていただいた青年が言いました。その日、職場で働いていると突然雨が降り出し、自分の住む山のほうを見ると黒雲がかかり、下のほうは真っ白になっていたそうです。彼は「これはまずい」と思い、すぐに自分の村に帰り、足腰が弱っている隣の家の一人暮らしのおばあさんを避難所に連れていったそうです。聞くと、そのおばあさんには、子どもの頃にかわいがってもらったそうで、危険が迫っている状況でおばあさんを助けるのは自分だという思いがわき起こって行動となったことが伺えました。

「人は人として逃げられない」という視座に立ったうえで防災を考える。専門家や行政、あるいはハザードマップを作る側の合理的な考えと、避難をしていない、避難できていない住民側の心情にはギャップがあります。そのギャップをどう埋めるのかを考えて、住民自身が内発的に「よし、逃げよう」と思う、その動機づけとなるコミュニケーションを悩み、考えていくことが、これからの防災に、そしてハザードマップづくりにおいても必要なことであると感じています。

そして、「災害で自分の命さえ危うい時に真っ先に考えるのは、自分にとって大切な人、存在のことである」ことを大切に捉えることもコミュニケーションを図るうえでの大事なポイントになると思っています。「避難しないなんて防災意識が低い」「主体性を持て」「災害に対してわがこと感を持て」と一方的に訴え、そのようなスタンスで啓蒙だ啓発だとハザードマップを作ってみても、なかなかうまくはいかない。結果ハザードマップは活用されず、また同じことの繰り返し…となってしまいかねません。コミュニケーションとして、そして、リスクコミュニケーションツールであるハザードマップを作る場合にまず必要なのは、作り手側の尺度、専門家や行政側の尺度ではなく、住民側の尺度を認め、そこに寄り添いながらコミュニケーションをとっていくことです。そのような視点を持ってハザードマップを作成し、住民との、あるいは住民同士、家族同士のコミュニケーションツールとして使っていくことです。役所の職員のみなさんには、どんどん住民のみなさんのところに行き、コミュニケーションを重ねてほしいと思います。例えば、住民から何か要望を言われたとします。そんなときは、その対策を議論するよりも、「どうしてあの人は、あんなことを言ったのだろうか」「あの人の思いは、どこにあるんだろう」ということを仲間と議論してください。ハザードマップを作るときにも、住民の視座で考えるとどうなのだろうかということをたくさん議論してほしいと思います。行政のみなさん一人ひとりも住民であり、誰かの親や子です。行政職員という思考の枠を外し、一人の住民として自分自身の心の奥底を見つめていくと、おのずと住民の視座に立てるかもしれません。そうやって感じたことを仲間と議論しながら、住民のみなさんと話をしながら、ハザードマップを作り、活用し、自分のまちの防災を、災害に向かうわがまちの姿勢を育てていってほしいと願っています。

「ハザードマップで防災まちづくり」という本のタイトルからすると、ノウハウよりも考え方やあり方に重きをおいた本になったように思いますが、ハザードマップ作りに携わる方にも、住民のみなさんにも、お伝えしたい私の正直な迷いや考え、そして今の思いをまとめてみました。私自身、思考は現在進行形で進んでおり、防災における主体性やわがこと感などについて思い巡らす現状ではありますが、これはまた別の機会にお伝えできればと思っています。

日本の防災は今、分岐点にきていると思います。この本が、災害で人が命を落とさない。そのための一助になれば幸いです。

この本は長年にわたって取り組んできたハザードマップに関する研究や作成において、その都度私が考えたこと迷ったことをそのまま辿った内容となっています。したがって、現状ではお勧めできないハザードマップも紹介しています。しかし、そんな事例もあえて紹介したのは、多少無謀な挑戦であっても、その時々に感じた私の問題意識をハザードマップという形で表現した過程を紹介したかったからです。この本を手に取られた方の中には、ハザードマップの作成に当たっての参考にとお考えになった方もいらっしゃると思います。実際の作成に当たっては、この点に留意していただきたいと思います。

本書の企画を思い立ってから出版にこぎつけるまでに随分と時間が経過してしまいました。その主な原因は私の筆の遅さですが、この間に発生した多くの災害のたびに私のなかに迷いが生じ続け、執筆を中断したことが出版の遅れにつながってしまいました。この長きにわたる期間、東京法令出版の杉山克洋さん、一由健吾さん、清水暁さんには、大変なご迷惑を掛け続けたにもかかわらず、辛抱強くお付き合いをいただきました。また、東洋大学教授の及川康さん、㈱アイ・ディー・エーの細井教平さん、小島彰吾さん、丸山一樹さんには、実際のハザードマップの作成に当たり多くの議論に付き合っていただいたばかりでなく、本書に使用した資料の整理から図表の作成に至るまで、多くの協力をしていただきました。そして出版に当たっての原稿整理については、コンセプトピディアの夏野きみよさん、研究室秘書の前原育子さんの多大なる協力を得ました。これらの方々のご支援、ご協力があって、ようやく出版にこぎつけることができました。ここに深く感謝を申し上げます。

令和２年１月　片田敏孝

ハザードマップで防災まちづくり
命を守る防災への挑戦

令和２年４月１日　初　版　発　行

著　者　片　田　敏　孝
発行者　星　沢　卓　也
発行所　東京法令出版株式会社

112-0002　東京都文京区小石川５丁目17番３号　03(5803)3304
534-0024　大阪市都島区東野田町１丁目17番12号　06(6355)5226
062-0902　札幌市豊平区豊平２条５丁目１番27号　011(822)8811
980-0012　仙台市青葉区錦町１丁目１番10号　022(216)5871
460-0003　名古屋市中区錦１丁目６番34号　052(218)5552
730-0005　広島市中区西白島町11番９号　082(212)0888
810-0011　福岡市中央区高砂２丁目13番22号　092(533)1588
380-8688　長野市南千歳町1005番地
〔営業〕TEL 026(224)5411　FAX 026(224)5419
〔編集〕TEL 026(224)5412　FAX 026(224)5439
https://www.tokyo-horei.co.jp/

ISBN978-4-8090-2475-7